AQUARIUS

AQUARIUS

AQUARIUS

AQUARIUS

Vision

一些人物，
一些視野，
一些觀點，
與一個全新的遠景！

冒牌獨立

只有「**心理獨立**」，
才是真的獨立

黃惠萱 臨床心理師

【推薦序】
不是離開就能自由，是覺察讓我們活得清醒

／吳姵瑩（諮商心理師；愛心理創辦人）

這麼多年的心理諮商工作裡，最重要，也是最費時的事情之一，就是協助案主進行「分化」的過程。

白話一點來說，就是幫助他們真正「獨立」，從原生家庭的關係網中慢慢抽離，建立出一個清楚、穩固的自我。

所謂的分化，並不只是搬出去住、財務自立，或者外表看起來像是個成熟的大人，而是能夠在內在的層次上，擁有獨立的思想、穩定的情緒、清晰的界限，知道自己是

冒牌獨立

只有「心理獨立」，才是真的獨立

誰、不是誰。知道哪些價值觀來自家庭、哪些是自己真正認同的，並且能在各種關係裡，持續地保持這份覺知與自我。

也只有這樣的分化，才能讓人真正喜歡自己、接納自己，最終活出自己想過的人生，而不是活在別人的期待裡、內疚裡，或反抗裡。

很多人在這條獨立的路上，卡關卡得很深，根源往往來自過於緊密、界限模糊的原生家庭。有些家庭表面上看起來和樂融融，父母為孩子付出很多，幾乎是繞著孩子轉的生活模式。孩子從小被大量照顧、介入，甚至沒有真正發展出屬於自己的想法與界限。

另一種則是過度緊張、控制欲強的家庭關係。孩子長期處在高壓之下，只能順從、討好，慢慢失去了判斷自己想法的能力，也不敢選擇與家人不同的道路。

這些表面看起來截然不同的家庭，實則都共享一個共通點。他們都阻礙了孩子內在的「分化」。因為孩子的選擇不是出於覺知，而是出於反射。要嘛順從，要嘛反抗，而不是有意識地活出自己。

我常看到一種情況，是孩子為了「不要變成爸媽那樣」，於是走向了極端的反方向。

明明討厭爸媽的控制，結果自己變得極端自由、極端鬆散。明明不想活得壓抑，結果變成處處反抗、凡事都說「不要管我」，但骨子裡仍然帶著父母的影子。

這樣的獨立，其實只是對立，不是真正的分化。

真正的獨立，是一種內在的安定，是你能夠區辨自己與父母的差異，知道哪些情緒和信念是從他們那裡來的，並且學會過濾、轉化、放下。不是用力割裂，而是在經歷內在整理與深度覺察之後，選擇留下自己真正需要的東西。

很多人會問我：「老師，我如果搬出去住，真的就能擺脫那些痛苦嗎？」

我的答案總是一樣，一半一半。

我陪伴過很多人面對家庭界限的議題，有些人選擇搬出去，有些人選擇留下，但真正能夠走出影響的，都是那些有意識處理自己內在的人。

搬出去住，當然可以創造物理上的距離，減少每天面對面的衝突與刺激，但那並不代表你內在就能擺脫來自家庭的牽引。

我常說，和有創傷的原生家庭住在一起，每天都在付情緒房租。

這筆房租，就是你心裡的能量不斷地被抽走，用來對抗焦慮、消化情緒、維持和平，

冒牌獨立

只有「心理獨立」，才是真的獨立

甚至壓抑自己。

很多人的外表看起來沒事，工作表現也不錯，但心裡總覺得使不上力、容易疲憊、情緒低落。其實，這正是長期背負情緒房租的副作用。

那要怎麼做，才能真正拉出心理界限呢？

第一步，是「看見」。看見自己其實還活在父母的模式裡。不是你表面上多有主見、多會表達，而是當壓力來的時候，你的第一反應，是不是像極了爸媽？

比方說，你的爸爸總覺得別人看不起他，那你是不是在工作裡，只要主管語氣重了一點，就立刻有被羞辱的感覺？

或者，你的媽媽習慣用責怪表達情緒，那你是不是也常在感情裡，用「你怎麼都不懂我」來測試對方的愛？

這些反應，不是你的錯。但它們不是現在的你，是過去那個委屈、無力的小孩在反射。我們在心理學上稱這種情況為「創傷模式的自動啟動」。它不需要你有意識，只要場景對了，開關就會被打開，你就會下意識地重演那個熟悉的角色。

所以，真正的心理界限，不是你把父母從生活裡排除，而是你能夠問自己：「我現在的情緒，是來自此時此刻，還是來自童年？」「我現在的反應，是我的選擇，還是只是複製爸媽的樣子？」

這些自我提問的練習，看似簡單，卻是自我分化過程裡最重要的起點。當你越來越能從生活裡一個個細節看懂內在模式，學會覺察、調整，你才會是真正開始擺脫原生家庭的影響力。

不是用對抗來拉開距離，也不是用疏離來換取自由，而是從內在穩定來建立邊界與自由感。

離開家，只是開始。

有意識地活出不同，才是真正的自由。

而我非常推薦好友惠萱的新書，她將 Hoffman 所提到關於心理獨立的四個層次：功能獨立、態度獨立、情感獨立、衝突獨立，拆解得非常清楚，讓人能循序漸進地理解並實踐。

她不只是談怎麼離開，更談怎麼留下來還能做自己。

冒牌獨立

只有「心理獨立」，才是真的獨立

她會教你如何分辨內心的聲音，哪些是家庭灌輸的，哪些是社會期待，又有哪些才是真正屬於你的。

她也會教你如何在關係裡建立尊重與理解，不是靠吵架，不是靠逃避，而是靠成熟的自我表達與穩定的內在。

這是我們人生旅程中非常重要的一堂課。

從原生家庭中分化出來，不是為了離開誰，而是為了回到自己。

【自序】

給不再叛逆，仍想獨立的你

這是一本寫給成人的心理獨立之書。

你可能會問：「成年，甚至熟年的人，不是早就獨立生活很久了嗎？獨立不是那些青春的少男、少女才會思考的問題嗎？」

然而多年來，我在晤談室裡遇見的，正是那些渴望掙脫束縛、期待心理獨立的成年男女們。

我將自己見證過的生命經驗，轉化為故事，分享給不再叛逆，卻仍想獨立的你。希望他們的蛻變歷程，能溫暖正在改變之路上踽踽獨行的你。

冒牌獨立

只有「心理獨立」，才是真的獨立

在本書的第一、二章，我闡明了「心理獨立」的意義，以及我們如何透過具體行動來增進心理獨立。

讀完前兩章，你可以快速掌握本書的核心、重點，瞭解在人生的各階段中，如何透過「覺察」與「發聲」來完成與他人的「分化」，從而實現真正的獨立。

書的前半部列舉了一些常見的人際困境與生涯抉擇。這些情境可能出現在成年早期，也可能發生在成年中、後期。你可以根據自己的生涯階段和當前的生活挑戰，優先選擇與自己貼近的章節閱讀。從你的生活經驗和興趣，開始來理解何謂「心理獨立」。

在這些故事裡，你會看到有些人即使離開原生家庭已久，但仍深受早年經驗影響；有些人總是等待他人的支持，才敢做出人生重大決定；有些人在群體中，過於在意他人的想法，情緒隨他人反應起伏，找不到內心的錨點；還有些人雖然做出了自己的人生選擇，卻因旁人的眼光而感到愧疚或困擾，難以找到安適的立足點。透過閱讀，你或許能逐漸找到讓自己的心理更加獨立的下一步。

我也建議你閱讀那些對你來說較為陌生的議題。這不僅能讓你更瞭解朋友、家人或伴侶所面臨的困境，也能為你們關係中的衝突或糾結，帶來新的解決思路。當你能從他人的角度看待問題時，許多難題或許會迎刃而解。

書的後半部詳細探討了鍛鍊心理獨立的兩個關鍵方法：「覺察」與「發聲」。

事實上，這兩件事，我們每天都在做。但什麼樣的覺察，能幫助我們擺脫他人的影響？如何為自己發聲，才能在保有自我的同時，兼顧人際關係？本書的後七個章節，借用前半部的故事，展示了主角們如何透過覺察與發聲，一步步提升心理獨立。你也可以試著跟隨他們的腳步，開始練習。

希望這本書能成為你心理獨立之旅的指南，陪伴你在人際關係與自我成長中找到平衡，活出屬於自己的自由與堅定。

目錄

目錄

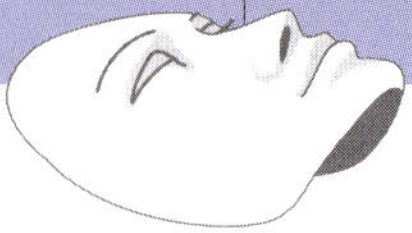

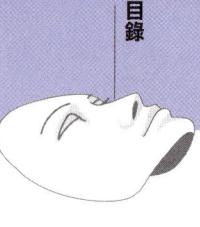

目錄

目錄

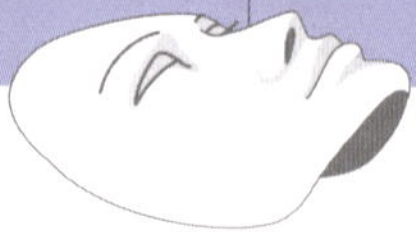

第二部 鍛鍊心理獨立的關鍵方法：「覺察」與「發聲」

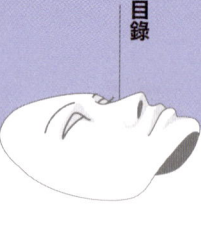

目錄

第一章

走出人們為你設定的道路

從來沒有一條路是屬於我的
而是我選擇了它
願意為它行走

——〈路〉，陳昭淵《緩慢的影子》

如果人生像火車一樣有軌道，那麼活著應該可以減少很多擔憂；如果每一個人的頭上都綁著一條指向前路的紅蘿蔔，那麼人們就不用費心想自己要什麼；如果腳下永遠有一條禁止跨越的線，那麼你就不用承擔自由選擇的壓力。

可惜人生沒有軌道，人們的頭上沒有紅蘿蔔，腳下也沒有禁令，所以我們焦慮於自己有沒有走在正軌，永遠都苦惱於自己到底要什麼，還得承擔每一個選擇背後的責任。

心理師，我跟別人不一樣，我這樣正常嗎？

「心理師，我這樣正常嗎？」「別人都不會像我這樣！」「我為什麼不能像正常人一樣？他們都沒有這些問題。」

來晤談的人，常常會問我這一類的問題。也許你以為他們指的是身心症狀，像是失眠、憂鬱、焦慮等等，有時候是，但有時候不只是如此。

大家的煩惱是「我到這個年紀，還沒談過戀愛，很奇怪嗎？」「離婚了，別人會怎麼看我？」「孩子這樣對我，我是不是一個失敗的人？」「我那麼在意老闆的看法，是不是很怪？」等等。

不是症狀令人困擾，也不是跨不過的心理創傷，而是我跟別人不一樣、我跟正常人不一樣、我跟理想的我不一樣。這樣的「我」，帶給自己很大的困擾。

人生沒有正確的答案

很多人因為人生走上了不被期待、不被看好、意料之外的道路，所以踏進晤談室。他們心裡認為的「療癒」是修正軌道。他們只是想搞清楚哪裡出錯，找出錯誤、除蟲，然後把自己修好！

療癒只是除錯，走回正軌的想法，建立於「人生背後有正確答案本」的假設上。但人生不像測驗習作，有附解答本，而更像是一場「只有時間限制的自由繪畫」。如果原先的假設並不存在，你和你的人生並沒有壞掉，那麼該怎麼修好？

很多人覺得自己照著心理師的指示，勇敢面對過去創傷，認真照顧內在小孩，學習引導自己轉念，甚至開始懂得自我放鬆。

在療癒上，走了這麼遠的路，看了更多風景，有了更豐富的自己，但卻老是回頭把自己塞進同樣的問題裡——「我好了嗎？我正常了嗎？」

當你對人生的規劃被顛覆，當你發現你手上的正確答案是別人故事裡的寶藏，卻不屬於你。此時，你雖身處於情緒的低谷，但卻正是開啟真實人生的關鍵點，**也是「真我」得以出現的重要時刻**。

你該停止問自己同樣的問題，**不要再把自己塞進過去那雙「假我」的玻璃鞋裡**。

誰為你設定了「道路」？

你可能會覺得疑惑。如果沒了軌道、沒了頭頂的紅蘿蔔、少了腳下的線，人們應該會覺得輕鬆自在，為什麼還會千辛萬苦想把自己修好，再塞回軌道裡呢？

其實，我更好奇的是，如果一開始的「正確答案」就是不存在的，那麼我們每個人心中的軌道、頭頂的紅蘿蔔和腳上的線，是誰給了我們？是怎麼進入我們心裡、綁到我們腦袋上、限制我們的腳步呢？

我們一起看看紹涵與美寶的故事，也許你也會回憶起自己身邊的某個人或某件事，從這些蛛絲馬跡中，找到問題的本源。

從小受虐的紹涵長大之後，已經徹底明白父親並不愛她，或者沒有能力愛她。年幼時的她，必須自己照顧自己，不能像別人一樣依賴父母。

成年後的她，果斷地跟父親設下界限，辛苦保護自己得來不易的工作與生活。

冒牌獨立

只有「心理獨立」，才是真的獨立

但紹涵在受虐經驗下的自我保護與成長，卻時常受到周遭的人的指摘與攻擊。

小學時，導師因為紹涵不肯把父親畫進全家福裡，苦口婆心地勸了她整個午休。紹涵只是想在畫裡丟掉對自己不好的爸爸，卻換來現實中不諒解自己的老師。

長大後，在與同事閒談時，當大家都在分享自己為了照顧年邁的家人，受了多少苦時，得知紹涵早已多年不和父親聯絡，他們都勸她多想想：「父母就算有萬般錯，現在都老了，孤獨老人多可憐！」

※ ※ ※

決定離婚以後，美寶覺得父母是最不懂她的人。

比起心疼女兒在婚姻中所受的苦，美寶的父母更在意美寶是不是能有個正常、安全、令人省心的人生。

而當初跟美寶一起抱怨婚姻痛苦的好友，總是講得好像自己下一刻就要去離婚，但當聽到美寶真的離婚了之後，卻彷彿換了一顆腦袋，突然就無法同理美寶的心情了。

好友義正詞嚴地對美寶說：「感情是會變的。我們不能光靠感情活著！」

影響我們極深的人際關係

誰規定了我們的「道路」呢？誰有資格說我們「正常」與否？從紹涵與美寶的故事來看，影響我們的是自己最重視的人際關係，像是父母、師長以及朋友。我們每日會互動的人，還包括伴侶、子女、親戚、上司、同事、下屬等。

除了能面對面見到的人，還有網路世界裡各種虛擬又真實的人際關係。我們所處的環境與世代，就是透過這些與我們互動密切的人際關係來影響我們。

人際圈裡的每一個人，把自己的觀念和態度，透過言語、動作、眼神，乃至於整個團體氛圍，傳達到你的心裡、腦中和腳下，變成約束你身心的框架，保證你走在符合群體觀點的正確道路上。

如何在權威者與同儕間，保有自我？

偏離眾人所謂的正道，想要走出自己的人，可能會遭遇的阻抗，不外乎兩種：

一、來自權威者的評價與壓迫

二、來自同儕間的競爭或排擠

冒牌獨立

只有「心理獨立」，才是真的獨立

此處的權威者，除了通俗廣義的指「在所處環境或關係中，因為年齡、位階或身分等因素，所以權力比我們大的人」之外，還要加上一層心理意義，「因為我們深愛且在意對方的感受，希望獲得對方的肯定與認同」。

權威者之所以能對我們發揮影響力，除了權力比我們大之外，**還因為我們愛他，而且渴望得到他的愛**。

舉例來說，導師的角色對年幼的紹涵來說，就是權威者。

導師在學校與班級裡擁有權力，而且學齡期的孩子們都很需要老師的愛與肯定，對於特別缺乏家庭之愛的紹涵來說，更是如此。

當導師不願意理解紹涵不同於大眾父慈子孝的家庭經驗，只想糾正紹涵對家庭的態度，紹涵的同學們也會受導師的觀念影響。整個人際圈的氛圍都在告訴紹涵，「我們是對的，你要跟我們一樣」。

無論在哪種環境，除了有各種意義上的權威者，還有許多同儕。這些與我們處於相同群體的其他人，因著利害關係與親疏遠近，對我們產生不同的影響。

一個人如何走出屬於自己的道路？

紹涵長大後在職場遇見的同事，在片面瞭解紹涵對家人的冷淡態度之後，與紹涵處於競爭關係或曾有過節的同事，可能趁這個機會攻擊紹涵，以提高自己的優越感。其他關係較淺的同事，有些人本身對紹涵沒有惡意，但習慣跟隨團體起鬨，不願意花更多時間去理解紹涵。

很多給你意見的人，並不瞭解你，他們**只是想突顯「你跟我們不一樣，我們才是對的」，藉此來肯定他們自己**。

一個人如何走出自己的道路？

一、你得辨別自己身上「來自重要他人／權威者的影響」；

二、要對「來自第三人／競爭者的影響」有所覺察；

三、最重要的一點，你要把最多的力氣，用在探索「自己真正的看法」，並接納「真正的自己」。

這樣，你才能為自己建立一層心靈的保護膜，過濾掉無助於你成長，甚至對你有害的各種人際干擾。

冒牌獨立

只有「心理獨立」，才是真的獨立

「心理獨立」幫助你自信、快樂地走出自己的路

即使是平凡的日常互動裡，都藏著一條鐵鍊。透過言語，把被視為出格或異端的人，拉進「正常」的康莊大道上。

如果你在與人互動時，沒有保持對自己內在狀態的覺察與關照，太容易被他人的想法、態度或氣勢拉著跑，你就會時常陷入「覺得自己做錯事」的狀態。

不管是帶著童年創傷，決定與父母劃下界限的紹涵，或是勇敢面對親密關係破裂，決定走出婚姻的美寶，在人生的這個階段，他們做出屬於自己的決定，沒有走上眾人眼中的「人生道路」。

如果她們的心靈保護膜不夠堅強，內在的心理狀態不夠獨立，就會陷入無盡的自責與後悔，認為自己不該走上做自己的這條路。

世界之大，各種選擇皆能幸福

與其花時間去懊悔做自己，不如花精力去鍛鍊自己的心理獨立能力。

一個心理獨立程度高的人，清楚別人對自己的看法與期待，但時刻記得自己的需求

與想法。他覺察且尊重自己的感受，一如他對別人。

他在考量諸多因素後，果斷地為自己做出決定。他會接納與承擔自己的行為結果，以兼具智慧和勇氣的方式，在與人相處的每一刻，貫徹自己的選擇。

●●●

每一個在晤談室與我相遇的求助者，都是踏上自我旅途的行者。因為他們帶著自己的生命故事與我分享，我因此參與了許多人生命中的關鍵時刻，也見證了世界之大，各種選擇皆能幸福，只要你時常保持本心，堅守內心的獨立。

我在晤談室裡做的事，不是替每一個求助者找到屬於他們的道路，而是陪伴他們在探索與實踐自我時，能夠逐步鍛鍊心理獨立的能力。

我將這些鍛鍊的歷程與技巧寫下來，希望更多人能夠覺察權威與旁人對自身的影響，深入瞭解自己真正的想法，然後在自我與人際關係中找到平衡，這是我撰寫這本書的初心。

第二章

心理獨立的方法

——透過覺察與發聲，鍛鍊心理獨立

「心理獨立」常與「離開重要他人」和「拋棄過往經驗」劃上等號，讓獨立這個概念染上無情或不孝的色彩。

其實，心理獨立不只靠「分離」來達成，更好的「覺察」和「發聲」，也可以幫助我們完成心理獨立。

小威是個有能力又細心的客服工程師。

他總是能把同事應付不來的客戶問題處理得細緻、妥帖，無奈一直得不到主管的青睞。

小威的上司也覺得苦惱，他很難拔擢一個說話時連正眼都不敢看自己的人。上司就不懂「這年輕人哪都好，怎麼只要在我面前，就一副縮頭縮腳的樣子呢？」

小威來找我晤談。

我問小威：「當你面對客戶與主管，你覺得兩者有什麼不一樣呢？」

小威覺得客戶就算態度不好、語氣不佳，但因為自己瞭解對方的難處，知道客戶是因為不懂技術，不知道怎麼解決問題，所以抱怨，接著小威說：「我懂技術，我可以幫忙他們。只要好好講，甚至不用說話。我快速把事情解決了，一切就會變好！」

小威面對那些態度惡劣，彷彿來找碴的客戶，是抱著幫助弱者的心態。

小威能看穿對方在壞情緒下面的挫折，而且深知自己幫得上忙，所以處理起來游刃有餘。

小威繼續反思自己面對上司時的想法：「我覺得主管比我懂得多，只要在他面前，我就會不由自主地開始擔心自己是不是哪裡沒做好，甚至開始自己找自己的缺點，然後嚇得自己的腦袋一片空白。

「那種感覺，就像開車載我媽的時候。坐我的車，我媽都會心情不好。她說她是擔心，但我覺得她是在生氣。

「我媽在副駕上，一直提醒我下一步要做什麼。我要是動作慢一點，或是做了跟她建議不一樣的事，她就會很不爽。」

小威講到這裡，表情都變得苦澀起來。

「後來，我就一直逃避開車。找工作時，優先考慮交通方便，不用開車上下班的工作。我也堅持不買車，偶爾我媽叫我開家裡的老爺車載她出門，我也是能閃則閃。久了，我媽就不再找我了。」

我試著幫小威把過去的經驗與現在的困擾串連起來。

「看來，**你以前用『避開』這招來對付媽媽對你在開車上的控制。現在，你覺得主管給你的感覺很像你媽，所以你又用了同一招！**」

小威聽了之後，露出恍然大悟的苦笑。

心理獨立是什麼？

我們一般說的「心理獨立」，在心理學研究中，被稱為「分離—個體化」，其中以西元一九八四年，學者 Hoffman 所提出的心理獨立四向度，最廣為人知。Hoffman 研究青少年的親子關係，將他們的**心理獨立狀態分成四個向度，分別是功能獨立、態度獨立、情緒獨立與衝突獨立**。

「功能獨立」就是能獨立完成生活上的各項事務，不依賴別人；「態度獨立」則是能夠獨立思考，擁有屬於自己而不同於他人的價值觀、信念與態度。這兩者，也是我們大多數人對獨立的基本看法。

「情緒獨立」與「衝突獨立」是我們比較少認識的兩個獨立向度。這兩項對於一個人是否與他人保持健康的情緒界限，扮演至關重要的角色。

一個缺乏情緒獨立的人，意即他過度需要別人的讚許與認同，也需要與對方保持親密，才能有正向情緒，甚至需要以此來維持他對自己的正向感覺。

而一個缺乏衝突獨立的人，在關係裡，難以消化彼此相異造成的衝突，因而產生過度的罪惡感、焦慮、不信任、壓抑、怨恨，與憤怒等負面感覺。

如果以 Hoffman 提出的理論來看小威的獨立狀態，我們可以發現小威在母子關係中，在功能獨立與態度獨立上，完成度較高，但因為**小威採取「保持距離」、「避開爭執點」的因應策略**，因此我們看不出小威在情緒獨立與衝突獨立上表現如何。有鑑於小威在職場上與上位者的互動，顯然受到他在親子關係中的心理獨立狀態所影響，所以我們可以推論，除了功能與態度的獨立之外，小威必然還可以多做些事情，增進自己的心理獨立。

情緒獨立與衝突獨立所包含的心理獨立能力雖然很重要，但在後續關於獨立的諸多研究中，這兩項指標並未獲得一致且足夠的支持；Hoffman 提出的概念，雖然幫助我們更瞭解心理獨立，但他的假設似乎更適合強調個人主義的西方文化。而且，我們似乎無法從他的假設中，找到如何鍛鍊或增強心理獨立的方法。

心理獨立的方法，不只是分離

近二十年來，國內外學者對「分離—個體化」，也就是我們俗稱的「獨立」，做了更多的探索與研究，特別是在跨文化的部分。

早期西方人的獨立概念側重於「分離」，是以很多人把心理獨立與「離開重要他人」和「拋棄過往經驗」劃上等號，讓獨立這個概念，染上無情或不孝的色彩。

國內學者劉惠琴教授，針對國內的青少女做了一系列研究，來闡明在關係中達到獨立的其他方式，結果顯示，獨立不只靠「分離」來達成，更好的「覺察」和「發聲」，也可以幫助我們完成心理獨立（劉惠琴，二〇〇五）（註一），這與我在成人心理治療中的觀察結果一致。

在劉教授的研究中，指出個體的「情境解讀的能力」會影響他在親子間分化程度的高低。

以母女關係為例，對母親以及其所處情境有愈高的解讀能力，這樣的女兒們較能區分出自己與母親之間的不同，因而有更好的心理獨立狀態。

高分化的個體化模式（心理獨立較佳），包括有同理式的覺察模式、對話式的發聲模式與獨立式的分離模式三種。

傳統精神分析理論所提出的「分離—個體化」模式，只是成功分化的三種個體化模式中的一種，而**「覺察模式」與「發聲模式」則是華人在關係中達成獨立，最常經驗的歷程**。這與我在心理治療中的做法及觀察一致，是以我在本書中，將描述一些療癒故事，他們在踏上自己與眾不同的道路上，如何透過這兩個模式，鍛鍊自己的心理獨立能力。

用「同理式覺察」，劃出人我界限

我們常覺得需要跟影響自己的對象保持距離，才能減低被影響的程度。但實際上，提升「覺察」程度，同樣可以做到這一點。

當我們與權威者互動時，不再依附於對方的態度與觀點，而是發展出自己的觀點，並且能從對方的角度思考，瞭解並同理對方為什麼會有跟我們不同的想法。

將「依附式覺察」提升為「同理式覺察」，讓我們在心裡真正意識到人我的不同，自然地在關係中達到進一步的心理獨立。

就像小威，原先的他認同母親對他的觀點，讓母親的批評影響了他自己的情緒與信心。但在與我晤談的過程中，小威透過回溯與反思，開始對自己的信念與喜好，有更多的認識。

小威發現自己是一個喜歡想清楚再行動的人，所以做事的步調一開始會比較慢，但等到思慮清晰之後就會變快。

小威逐漸理解，也接納自己的特色。

當小威愈來愈能支持自己對自己的觀點，他就愈能以旁觀者的角度看待母親。

小威發現母親將他的慢步調，視為沒有男子氣概與才能的表現。這樣的看法，源自她在婚姻裡對父親的不滿，而小威可以不需要接受這些觀點。

當小威有了同理式覺察，他就能更輕易地把自己與母親的想法區分開。

小威時常練習對自己說：「我可以用我的方法，展現屬於我的能力。」

用「對話式發聲」，完成心理獨立

至於「發聲」，如何幫助我們完成獨立呢？

面對衝突時，離開是一種保持獨立，不受影響的方式，但為自己發聲，是另一種選擇。

很多時候，**我們會用「對抗式發聲」來和權威者作對**，以保護自己不受影響，**但實際上，這是另一種深受影響的表現。**

冒牌獨立

只有「心理獨立」，才是真的獨立

不過，如果我們將層次提升為「**對話式發聲**」，那就不一樣了。與權威者意見不同的時候，**能持續對話，劃出自我界限，但願意互相調整，共同建構出新的處理方式**，是一種能在關係中保持獨立的表現。

過去的小威選擇了不開車的工作，過著不開車的生活。小威用避開跟母親衝突的方式，做個沉默的兒子，維持母子關係的表面和諧。

但因為覺察提升，小威明白了自己心裡的聲音。他不再處處避開母親，而是嘗試跟母親有更多的對話式發聲。

小威會鍥而不捨，不斷堅定地表達自己的想法，不管是略帶憤怒地說：

■「媽，請你尊重我的想法／做法！」

或是透著無奈語氣地說：

■「媽，這是我的方法。別擔心，我可以的！」

儘管母親一開始暴跳如雷，但也逐漸從懷疑轉變為信任。

真誠地對話，對關係的促進，是非常有益的事。

心理獨立，帶來雙方的「共好」

當小威的心理獨立程度提升後，他載著愛叨念的老媽媽出門時，小威的心裡已經不再把自己當成被批評得抬不起頭的駕駛，而是一個情緒平穩、心有定見，有時甚至可以回嘴幾句的兒子。

小威沉穩的態度，降低母親的焦慮。小威的媽媽最終也樂見自己的兒子長大成器。

覺察與發聲的能力，也展現在小威的職場生活中。

小威不再被「比我懂得多＝有可能批判自己」的人所困擾。他不再一味地假設沒有面帶笑容的上司，一定是對自己有敵意。

面對真正的衝突與批判時，除了消化挫折，小威還能撥出時間，從對方的角度去思考問題。

瞭解對方的出發點後，他相信可以透過對話，讓雙方的僵局有所改變。

因為小威的心理獨立有長足的進步，所以他的社交能力也大大地增進了。提升心理獨立能力，才真正解決了小威與權威者間的社交困難。

註一：

劉惠琴（2000）以國內青少女為主的研究，將分離個體化，分為覺察、發聲、分離三個歷程，而此歷程又受青少女的認知分化程度所影響，形成同理式覺察（高認知分化）、依附式覺察（低認知分化）、對話式發聲（高認知分化）、對抗式發聲（低認知分化）、獨立式的分離（高認知分化）、區隔式的分離（低認知分化）等六種模式。

實際上，劉惠琴老師在後續的研究（2005）中提出的心理獨立概念，甚至將華人的心理獨立，劃成三種更有系統性的分類，分別為相依個體化、相黏個體化和相反個體化，是更加細緻，也更加完整的理論。

我在本書僅擷取劉教授的部分概念，結合我在心理治療中的觀察，在後續的章節中，以案例來說明人們如何在成年後的自我療癒中，透過在「覺察」與「發聲」歷程上的努力，來增進自己的心理獨立能力。

參考資料：

劉惠琴（2000）。青少女在母女關係中的個體化模式。《中華心理衛生學刊》，12(4)，53-91。

劉惠琴（2005）。親子關係中「多元個體化」歷程的內涵與測量。《中華心理衛生學刊》，18(4)，55-92。

Hoffman, J. A. (1984). Psychological separation of late adolescents from their parents. *Journal of Counseling Psychology, 31*(2), 170–178.

第一部

讓我們痛苦的人際困境與生涯抉擇

生活獨立篇

被原生家庭阻礙的私人生活

第三章

如果你不快樂，我可以快樂嗎？

擺脫罪疚感的心理獨立

如果「家」不是你在外打拚失意時，可以回去的避風港，而是隨時等著你脆弱時，一口把你吞進來的黑洞。那麼，你將花費很多心力，去對抗焦慮與恐懼，不能無後顧之憂地開始創立屬於自己的新生活。

小穎進晤談室後，沉默許久，然後開始低頭看著自己腳上的娃娃鞋。

在我們維持治療關係的這一段時間裡，我很少看見小穎身上出現新東西。小穎總是固定的髮型、規律的幾套衣服、同樣的背包，所以我很快就注意到她腳上那一雙新鞋子。

「我很喜歡這雙鞋。這是我第一次冒險，買這麼可愛的鞋子！可是因為它，我前天晚上跟我媽吵架了。」

起了話頭之後，小穎就開始掉眼淚。

「我媽說，你薪水才多少，為什麼要亂花錢？」

小穎描述那天晚上，母女兩人為了這一雙鞋子吵架的經過。

不過，在我聽來，這並不算雙方各執一詞的那種吵架，而是小穎的母親單方面對女兒灌輸自己的價值觀。

小穎的療癒工作已經進行一段時間了。在情緒抒發之後，小穎自己能慢慢地整理出頭緒。

小穎知道是自己買的新鞋，**勾起了母親的焦慮。不只是對金錢的焦慮，還有看見女兒展現女性特質的焦慮**。

冒牌獨立

只有「心理獨立」，才是真的獨立

錯誤的婚姻被小穎的母親視為自己人生中的汙點。

小穎的父母是奉子成婚，而小穎就是那個讓母親不得不走入婚姻的意外結晶。雖然母親沒有真正說出口，但小穎知道母親一直覺得「這個女兒是害自己此生過得不如意的元凶」。

「在她的眼裡，我只能穿黑、白、藍、灰這些顏色。衣服和鞋子也要是她能接受的實用款式。她說這些好洗、不退流行，但我知道，她就是不想我看起來像個女生，以免行差踏錯，步上她的後塵。」

這樣的領悟，讓小穎又開始默默掉淚。

儘管小穎知道自己的經濟能力，絕對可以毫無負擔地買一雙新鞋。但透過一雙鞋所激起的母女衝突，卻讓小穎難以消化。

「**是不是我一定要過得不好，她才會放過我？**可是媽媽不是都希望孩子幸福、快樂的嗎？」小穎哭著問我。

我無法回答這個問題。

人生中，許多獨一無二的痛苦，只有自己尋得的答案，才有意義。

不敢成功，不要幸福

小穎被原生家庭影響的不只是購物習慣。

她不敢買的不只是一雙可愛的新鞋，她不敢讓家人知道自己賺多少錢，不敢讓家人知道自己出門逛街或旅行。

她在外面遇到挫折，不會說給家人聽。她做了很棒、值得驕傲的事，也不敢跟家人分享。她甚至不敢去喜歡一個人，談一場甜甜的戀愛。

從小，當小穎從學校回來跟母親報告，自己今天得到的好表現或好成績，媽媽下一句話就是：「功課做完了嗎？做完，去盯一下弟弟的功課，然後趕快來廚房幫忙。人不要太自私，不要只顧自己好。」

小穎的母親希望小穎替自己分憂解勞。她沒有分一絲精力，去好好聽女兒說話。

當小穎踏出學校，開始工作，領到第一筆薪水時，母親沒有任何耽擱地要求小穎一起背家裡的房貸。

整個成長經驗，都在告訴小穎，「你不屬於你自己，你不可以自私。你擁有的資源和成功都應回饋，並歸功於家庭。」

不對任何人說真心話

長大後的小穎不再跟家人分享心中的悲喜。她不再對任何人說真心話。這個狀況延伸到工作領域，小穎總是被主管抱怨工作態度消極。年終檢討、面談時，主管對小穎說：「你能不能針對工作內容，提出自己的想法？公司請你來幫忙解決問題，不要做個只會聽話的員工！」

小穎知道自己不是社交焦慮症。在眾人面前說話，對她不成問題。小穎能夠清楚對客人介紹自家的產品，也能正確應對客戶的提問或抱怨，因為工作內容的背後都有統一、制式的SOP，她只需要把正確答案說出來就可以了。

小穎知道自己真正的問題是「不想說出真心話」，不管在家裡，還是在公司。

將自己隱藏起來

如果你說得不好，對方會直接批評你，或在心裡給你打負分。如果你說得好，對方會把更多工作交給你，讓你承擔更多不屬於你的責任。

小穎可能和成功失之交臂，因為她不會因展現自己而被欣賞，不會把握機會走上實現自我的舞台；小穎可能和幸福錯身而過，因為她不會在喜歡的人面前坦露心跡，不會感受到兩人互相信任，所帶來的親密感與安全感。

但如果你的成長經驗像小穎一樣。**每次說出自己真正的想法之後**，迎接你的，**不是被理解與接納，而是被忽視以及更多要求**，也許你也會做出和小穎一樣的選擇——將自己隱藏起來，不願冒險去追求成功與幸福。

最大的阻力來自母親

幼鳥長大就無法繼續待在巢裡，小穎進入社會工作一兩年後，搬出去自己住的念頭在心中日漸強烈。

小穎試過很多方法，想讓家人慢慢接受這件事，但最大的阻力來自母親。

母親總是說：「你留在家裡就好，幹麼花錢租房子？」

小穎很難讓母親理解，有些事情的價值比金錢更重要，像是個人空間或身心自由之類的概念。

最後，小穎使出雷霆手段。她直接應徵了一家離家很遠，無法通勤上班的外商公司，然後順理成章地在公司附近租房子，終於達成離開家自己住的成就。

可小穎沒有因此放鬆下來。

小穎知道母親等她在外面受挫，然後就有理由讓她回家。

小穎常常確認自己的存款，並為此感到焦慮。她因為太擔心失去工作，會影響收入，所以上班變得如履薄冰。

搬離家之後，卻好像在坐牢?!

如果「家」不是你在外打拚失意時，可以回去的避風港，而是隨時等著你脆弱時，一口把你吞進來的黑洞。那麼你將花費很多的心力去對抗焦慮與恐懼，不能無後顧之憂地開始創立屬於自己的新生活。

搬離家之後，小穎並沒有如自己想像的那樣，迫不及待地過上自由自在的生活。

小穎把自己活得跟在家裡一樣，甚至比在家更糟。下班後的生活，像過去一樣空白、枯燥，食衣住行甚至過得比在家還單調、匱乏。

「這樣的生活方式，是不是好像在坐牢?就好像離開家以後，仍然無法感覺到真正自由？」

在某次的晤談裡，我把自己對小穎的觀察，說給小穎聽。

小穎聽完後，崩潰地流淚。

小穎意識到自己對家人深感愧疚。

她覺得自己「背叛」了家庭。因此，她不能讓自己過得更好，她讓自己活得像在家裡一樣，甚至更糟。

透過懲罰自己，小穎才能讓內心的罪惡感稍微減輕一些。

放下罪惡感的新覺察：你讓自己過得好，值得被肯定，不用對不起任何人

纏在小穎身上「不能過得好」的咒語，在她獨自生活之後，仍然跟了她很多年。

當小穎全心投入於自己的工作和人際關係裡，為自己努力並得到回饋，不知不覺中咒語就會鬆開，一直到下一次遭遇挫折，脆弱的內心狀態會讓小穎的心，再次被家庭

黑洞的恐懼所淹沒。

這個月，小穎的工作表現很好，因為她的細心與耐心，幫公司處理了與重要客戶間因誤會而引發的衝突，讓整個部門在主管會議上受到表揚。

大老闆甚至點名、稱讚了小穎，可小穎卻因為被指名表揚而感到恐慌。

會議結束後，小穎立刻找了主管。她想表達自己的歉意，雖然她也不清楚自己到底做錯什麼，也許是很抱歉搶了主管的功勞，又或是擔心被上頭關注後，整個組可能會承受更多的工作或更大的壓力。

主管的回應，卻在小穎的意料之外。

主管說：「你把自己該做的事情做得很好，本來就應該被看見。我們是同一個團隊，最後績效獎金一起分。你好，每一個人都會受惠。」

小穎當下只覺得主管在講客套話、敷衍自己。

等來到了晤談室，她再說一次給我聽時，她對這些話，有了新的體會。「**原來我做得好，不會『對不起』任何人**。」

長期持續地自我療癒，加上家庭以外的正向經驗不斷累積，小穎的內心開始養出一種足以對抗詛咒的新的覺察。

搬出去住以後，內心不斷自責

搬出去住以後，小穎每次回家都很有壓力。

回去之前，小穎會不由自主地檢查自己全身的穿戴用品，腦海裡會自動模擬如何回答母親可能會問自己的問題。

這一切，都是希望回家能與家人好好相處，不要被挑到毛病，趁機被念一頓。

要告別家人回到自己住處時，是最困難的一刻。

母親會在這時集中火力：

「怎麼這麼快就要走了？我飯都煮好了，吃過晚飯再走吧！」

「雨下那麼大，幹麼急著回去？」

「明明住家裡就好，為什麼要大費周章搬出去？」

「這麼久沒回家，這麼快就要離開。待在家，讓你這麼不舒服嗎？」

離開前，媽媽說的這些話，每每都讓小穎難以回答。

小穎只能狼狽地逃出家門，回家以後，還深感自責好幾天。

冒牌獨立

只有「心理獨立」，才是真的獨立

從罪惡感中解脫，開啟新對話：「媽，我先走了。下次再回來看你。」

自我療癒一段時間之後，小穎**不再被動地把自己放在必須「回應」母親的位置上**。她能主動地從遠一點，且客觀一點的角度來理解母親。

她發現那些會激發她的罪惡感，讓她無法招架的話語，是出自一個處於空巢期的母親，對子女離開時的分離焦慮。

年老、脆弱的媽媽，有時候也會自私地希望有人可以陪在身邊，讓她依賴。但這些屬於媽媽的自私，並**不代表媽媽不愛自己**。

有了這層領悟後，小穎開始能和處於焦慮中的母親「對話」。

當小穎要離開媽媽家，回自己家時，她會給媽媽平靜而堅定的回應，像是：

- 「我晚餐不在家裡吃，不用煮我的飯。你好好休息，照顧你自己，比較重要。」
- 「不要擔心，我到家就給你訊息。」
- 「我夠大了，總要學會自己生活，難道要讓你操心一輩子嗎？」
- 「前陣子比較忙，所以比較少回家。你想我的話，可以傳訊息跟我說呀！我有空就會回家。」

小穎說出來的話，不再只是回應母親，不再只是忙著解釋自己沒有這樣想，或是那樣想。

小穎清楚傳遞出自己已經長大，需要有距離的親子關係。

小穎**想讓母親知曉，我們可以在新的關係裡相愛**。

情感獨立篇

被原生家庭阻礙的親密關係

第四章

如果你知道，你還會要我嗎？

擺脫羞恥感的心理獨立

改變的歷程是一場心靈排毒之旅。
透過回溯與訴說，我們學會區分哪一些狀態與觀念，是從他人身上吸收的，
並加強辨別人我差異的能力，從過去的模式中走出來。
最終，我們為自己做篩選，
留下真正認同，並經過改造的新成分。

思思在一個吵鬧不休的家庭裡長大。

在那個戶戶相連，隔音極差的年代，思思的父母每晚打鬧吼叫之後，隔天彷若無事發生，該做什麼就去做什麼。

但思思做不到。

她擔心那些既是鄰居又是同學的人，正在背後悄悄地說自己家的閒話。

無論她多努力用功、多乖巧聽話、多樂於助人，有再多好表現都沒有用。

「她就是那個家裡每天吵架的女孩。」**這句陳述像個尾巴，跟著思思長大**。

在來到晤談室以前，思思從來不覺得自己的原生家庭或是童年經驗，會影響到自己長大後的感情生活。

思思到目前為止，唯一深愛過的人，是她國小暗戀的副班長。

他們雖然國小同班、國中同校，可是一直到大學在異鄉重逢，他們的友誼才開始轉變為愛情。

思思與副班長交往三年，兩人的感情一直很好，幾乎不曾吵架。

思思以為他們會一路走到結婚，但大四那年，男友家人安排男友出國深造。

冒牌獨立

只有「心理獨立」，才是真的獨立

男友希望兩個人可以先結婚，再一起出國，可是男方家人覺得大學畢業就結婚太早了。

思思嗅出男友家人變相地刁難與嫌棄。

在蒙受更多的羞辱前，思思主動對男友提出分手。

那一段初戀結束以後，思思的感情空窗了很多年。

每一次有人追她時，她都會想：「**他如果知道我家是什麼樣子，應該就不會喜歡我了。**」

後來，副班長接受父母的安排，找了門當戶對的對象，步入禮堂。

但即使成了別人的丈夫，副班長還是積極地與思思保持聯繫。

這幾年，兩人一直維持著藕斷絲連的曖昧關係。思思因此身心煎熬，求助於心理治療。

思思不想破壞別人的婚姻，但又放不下這一段感情。

我們在晤談室裡，前前後後糾結了很多年。

有一次，思思對我說出了**深藏在她心底多年的咒語**。

思思說：「**他知道我的一切，只有他會愛我。**」

※　※　※

以前住在家裡，小穎覺得自己總是很忙碌。

小穎的爸爸創業，卻被合夥人詐騙，爸爸只好跑路，留下媽媽和小穎兄妹三人。媽媽除了照顧小穎兄妹三人，還要照顧失智的奶奶和中風的外公。

從高中開始，小穎就忙著專心上課、拚獎學金，忙著打工，賺自己的學費，還忙著找一個可以說服家人的好理由，讓她能逃到外面，呼吸一下新鮮空氣，然後再趕著回家，繼續做著看不見盡頭的照顧與清潔。

她哪有力氣和心思，找人談戀愛呢？

等一切的重擔都慢慢卸去，小穎能一個人自己住的時候，她有了大把的私人時間，但卻發現自己根本不知道該怎麼跟家人及同事以外的人聊天。

而不會聊天，又該怎麼認識別人呢？

冒牌獨立

只有「心理獨立」，才是真的獨立

「我覺得要和剛認識的人聊天，讓我很不舒服！」

小穎對我這麼說。

我知曉這是小穎認認真真地開始練習和陌生人聊天之後的心得。

「為什麼要問家裡的事？我不想知道他家的事，也不想讓他知道我家的事。」

小穎皺著眉頭說。

小穎可以理解剛開始認識時，需要彼此交換一些訊息。因此，小穎能接受聊學歷、聊工作、聊興趣、聊價值觀，甚至聊雙方對關係的期待，但為什麼要聊自己的父母或兄弟姊妹？這關對方什麼事？

小穎後來發現「**原來，彼此慢慢介紹自己，是一件痛苦的事**」。

小穎不想讓別人知道自己的家庭，不想讓別人知道自己和家人的關係如此糟糕。

小穎不覺得會有人想要與有這樣家庭背景的女孩相識、戀愛，甚至結婚。

我們習慣用原生家庭的痛苦經驗，定義自己

我們用各種經驗來建立，並定義我們的自我概念。

思思與小穎用原生家庭裡令她們痛苦的經驗來理解自己，所以當她們對創傷經驗的認識，停留在破碎與僵化的狀態時，她們的自我概念也處於碎裂、難以統整，無法隨著外在現實跟著改變。

成年後的思思，對自己的概念仍然停留在「我的家庭不和睦」、「別人會因為我的家人而輕視我」。

這些信念雖然有部分的事實根據，但隨著思思日漸長大，所面對的人不同，所建立的人際關係也與童年大不相同。

幼年生活裡，那些八卦的鄰里、幼稚的同學們或帶著歧視眼光的師長，不再能影響思思的人生，思思也不需要再把過去那些人貼在自己身上的標籤，繼續放在自己身上。

吸納母親的受害者心態與自我貶抑

小穎的母親被丈夫拋棄，獨自承受家庭重擔。母親背起照顧子女與長輩的任務，為家庭做出的重大犧牲，不能說不偉大，但母親的受害者心態與自我貶抑，卻被作為子女的小穎，吸納進自我的概念裡。

小穎常覺得自己是「貧困家庭的孩子」、「家醜不要跟別人說」、「我們配不上好東西」，這些來自家庭經驗的負向自我概念，是小穎急於切割與拋棄的部分，也使得她在私人領域的人際關係中，深感不自在。

若小穎能意識到自己與母親的不同，不再以母親的角度，詮釋過去的經驗，發展出屬於自己的敘事方式。

她會發現自己並不需要把某些自我丟掉，而是把過去的經驗去除汙染，以自己的方式整合進自我概念裡。

新覺察：我的過去造就我。但，我不只是我的過去

思思自覺陷入痛苦且無望的戀情，她想透過心理諮商做出改變，而小穎當初是因為

受苦於自己與家人黏膩的關係，想學習建立人我界限，才尋求諮商。

儘管兩個人的目標不盡相同，但催化、改變的歷程卻大同小異。**要從他人的影響與過去的模式走出來，必然要經歷一場「心靈排毒之旅」**。區分自己從他人身上吸收的狀態與觀念，然後為自己做篩選，留下你認同，且改造過後的新成分。

不管是思思或是小穎，我的任務就是陪她們一起透過回溯與訴說，嘗試將各個時間段、不同角色的個人經驗拼湊起來，讓她們的自我概念更統整。在回溯經驗的過程裡，可以幫助她們清楚理解自己被環境或重要他人影響的部分，加強區分人我差異的能力。

同時，她們也可能從中產生新覺察，帶來深刻的領悟。

選擇不待在「受害者」的位置

思思常常在與我的晤談中，反思自己在親密關係中的模式。

思思覺察到自己與副班長的關係之所以能夠維持，**大部分仰賴於自己不自覺地忍耐**

與退讓。

兩人在青春期談的三年的感情，副班長最常做的，就是提出對思思的建議，例如希望思思積極改變，但卻又自作主張地替她做決定。

現在回想起來，思思會感到不舒服。但她可以同理當時的自己。那時候的她，既缺愛又自卑。

思思把願意選擇自己的副班長當成拯救者，將他不合理的舉動都視為關愛。就算稍有不滿，也會說服自己去接受，因為**她不想失去自己的「拯救者」**。

思思在我們的晤談中，發現自己可以做出選擇。她可以不要繼續待在「受害者」位置。

不再讓記憶中的「加害者」出現

在思思現在的人際關係裡，她靠著自己的努力，創造出新形象。沒有人會再用家庭背景來攻擊她了。

如果思思一直記著過去那些嘲笑自己家庭狀態的老師與同學，讓記憶中的「加害者」一直活在她現在的生活裡，那麼，她就會需要不介意自己過去的副班長來當自己的「拯救者」。

已婚的副班長積極和思思保持曖昧不明的關係，既不忠誠，也不在乎思思的感受。他的作為對現在的思思來說，已經不是「拯救者」。若考慮發展健康的感情關係，副班長絕對不是一個好對象。

當思思能同理過去躲在受害者身分背後脆弱的自己，並肯定自己成年後，努力發展的新自我，兩個，甚至更多個思思們開始整合在一起，就有機會能成為一個有智慧、懂得善待自己、好好過生活的女人。

別人對你的看法，不等於你

小穎經歷心靈排毒之後，逐漸**能區辨自己心裡的負向內在語言**，**還有她給自己貼上的標籤**，像是「窮就是要認分」、「我配不上好東西」、「不要跟別人說家裡丟臉的事」等等。

其實這些想法，很多是來自當時母親對自己生命裡的不幸，所做的理解。

當小穎能察覺母親與自己的不同，她也茅塞頓開地一步步有更深的領悟。從「我與他不同」和「過去的我與現在的我不同」，一直到「別人對我的看法，不等於我」，甚至「我對自己的看法，有時也不等於我」，小穎心裡深層的焦慮就此開始釋放。

小穎不用再擔心過去的經驗或定義她的價值，也不用小心斟酌對他人表達自我時的用字遣詞。因為小穎不再懼怕他人會因為看清而看輕自己。

冒牌獨立

只有「心理獨立」，才是真的獨立

你有權利拒絕任何事，不需要理由或解釋

小穎曾在晤談時問我，「心理師，你聽過這句話嗎？**『不』是一個完整的句子。**」這是小穎在網路上無意間看到的句子。她覺得很有意思，同時也認為這是一件很難做到的事。

當時的小穎還難以體會，並實踐「你有權利拒絕任何事，不需要理由或解釋」。但當心靈排毒後，深層焦慮下降的小穎，已經完全可以做到了。

現在的小穎，面對剛認識的朋友，如果對方太快就問了缺乏界限感的問題，像是家

庭狀況的細節，她不太會像過去一樣，因為感到憤怒或羞愧而當機。

現在的小穎能夠根據自己對對方的觀察，與雙方互動的感受，來決定怎麼表達。她可能會淡淡地轉移話題，讓對方知難而退，或是直接說：「之後若有機會，我再告訴你。」

小穎不會像過去那麼糾結於用字遣詞，因為她已經能坦然接受對方各種可能的回應。

隨著小穎的自我概念愈整合，她與其他人之間的界限感也就愈穩定。

小穎深深地相信並實現著：我的過去只跟我有關，你的好奇與介意是你的事。**我尊重你，但我也尊重我自己**。

如果，有一天，我告訴你了。只是因為我想告訴你，不是因為要用此換得你的祕密，也不是想要證明我對你的愛。

親情獨立篇

被原生家庭影響的自我概念

第五章

如果父母不愛我

成年後，讓自我完整的心理獨立

有時候，你覺得自己已經努力走了很遠，但還是走不出原生家庭的圈圈。

別人的反應，讓你驚訝地發現，

自己所「想」、所「說」的方式，還是跟在原生家庭裡是同一套概念。

你走了很遠，但是彷彿沒有離開過。

「大家都說我媽對我很好，我一點也不覺得。不是說她有什麼不好，只是不是我需要的那種好。」

小翠的這段話，是她的心聲，也是很多看似家庭美滿，但內心深感親情匱乏的人們共同的心聲。

「她是好媽媽，卻不懂我」是一種什麼樣的成長經驗呢？

從小到大，背著「不孝女」黑鍋的小翠最清楚。全家族都重男輕女，可只要是弟弟有的好東西，媽媽絕對會努力爭取給小翠一份。媽媽力求對女兒跟對兒子一樣好，以這點來說，小翠的媽媽是當之無愧的好母親。

媽媽對小翠的好，還包括**費盡心思，想把她塞進「理想女兒」的框架裡**。

小翠從很小就開始幫著母親看店、招呼客人，被母親要求著家事一樣不落地學。除此之外，媽媽還希望小翠讀書讀得好，因為媽媽一直認為「女人只有靠著能力好、學歷高，才能保護自己免於歧視和輕蔑。」

可是小翠好羨慕弟弟可以去玩，可以犯錯，可以輕易說出自己的想法。

小翠跟媽媽顧店的時候，弟弟可以跟爸爸出門打球。

冒牌獨立

只有「心理獨立」，才是真的獨立

小翠做完家事，忙著寫功課、準備考試的時候，弟弟被送去補習加強課業。

小翠看著媽媽為店裡的生意發愁，自己想學鋼琴的事，提都不敢提。弟弟卻敢拒絕補習，大聲要求爸媽讓他去學畫畫，還不惜因此鬧家庭革命。

決定徹底離開原生家庭，是小翠大學畢業後的事。

當時小翠非常想出國念書，她甚至已經考到留學的獎學金，但家裡仍然想把錢留給弟弟，就算弟弟只是去國外念個一年的語言學校也好。

小翠為此拜託過母親，卻得不到母親的支持。

這件事讓小翠耿耿於懷，她對母親失望透頂。

回憶起這些，小翠說：「我不會說媽媽不愛我，她只是不想懂我。她不知道我真正想要什麼。她只想要我成為她願意愛的那種女兒。很可惜，我不是那種女兒。」

※ ※ ※

阿義很清楚自己恨父親。

因為父親沒養過家，還會動手打媽媽跟他們兄弟。

至於母親，阿義分不清楚自己對她是心疼，還是瞧不起。他不明白為什麼有人會讓別人如此作踐自己，卻不反抗。

父親為了外面的女人，急著恢復單身，在迫不及待地跟母親離婚後，卻還是會回家糾纏母親，一直到他違法，不得不跑路，這個人才徹底從他們的生活中消失。

阿義以為被人欺負的日子終於結束，沒想到並非如此。

有個帶汙點的父親，孤兒寡母的生活過得辛苦又卑微。

阿義努力想讓自己快點強大起來，不想讓媽媽跟弟弟受人輕賤。但母親總是在幫阿義跟別人道歉，總是叨念著要阿義學習退讓，不要爭搶。

阿義心想：「要是你能堅強一點，要是有人能保護我跟弟弟，我需要這樣嗎？」

阿義對母親有怨言，卻從不說出口。因為他知道這個女人已經盡力了。

阿義覺得「聽母親的話，就無法活得像個男人」，但他也不知道「真正的男人」會怎樣保護家人。

經濟獨立後，阿義就遠離家鄉，把照顧媽媽的責任交給弟弟。

冒牌獨立

只有「心理獨立」，才是真的獨立

阿義也默認弟弟比自己更心疼媽媽，能好好對待媽媽，不像自己，總是對媽媽發脾氣。

你覺得努力走了很遠，但轉頭，卻發現仍停留在原地

小翠與阿義最後都離開父母，遠走他鄉。

以世俗的眼光來看，他們確實已經獨立了。能工作賺錢、養活自己，遇到事情獨自面對，能承擔自己選擇的後果。

但你想問：「這樣不算心理獨立嗎？還缺什麼呢？」

讓我們繼續把他們的故事看下去。

後來，小翠透過網路認識一個外國人。

小翠覺得對方願意花時間瞭解自己，彼此有很多共同話題，而且對方會刻意記得自己的好惡。

儘管才剛認識不久，卻已經有一種可以長久在一起的感覺。

後來小翠用了畢生的勇氣，毅然地一頭栽進跨國婚姻裡。

小翠最大的渴望，是有人能愛她真實的樣子，而不是要求她變成他愛的樣子。

也許人在異地的不安，也許是初入婚姻的不適應，也可能是成長過程裡的創傷終於浮出水面。

婚後生活裡，小翠最常問丈夫的話是：「你覺得我這樣做，好不好？」

※※※

在最不景氣的時候，阿義好不容易找到修車場的工作。雖然起薪低，但修車廠老闆是他的貴人，願意當師傅，親手教他技術。

阿義年輕又聰明，因為想早點出人頭地，學習動機很強，天分加上勤勉，阿義的技術很快就出師了，但他卻不能獨當一面做生意。

阿義不太會跟客人溝通。

如果客人多問幾個問題，阿義就覺得這是在質疑自己。

要是客人企圖討價還價，阿義立刻就覺得被冒犯而動怒，所以儘管阿義的修車技術很好，但老闆只敢讓他接一些個性好的常客，否則就得常常幫他安撫客人，收拾爛攤子。

小翠與阿義的人生困境

儘管我們已經努力走了很遠，但如果還是停留在依附式覺察裡，我們對自己和對他人的看法，就會仍然是從原生家庭互動裡得出的同一套概念。

儘管我們已經努力為自己發聲，但如果還是抱著對抗的目的去說話，我們與人溝通、互動的模式，就會依舊跟在原生家庭時一樣僵化。

小翠與阿義離開家庭，去過自己的人生，但尚未完成進一步的覺察與發聲獨立任務。

小翠一直追尋著全然理解自己的人，認為只有這樣，自己才能感受到愛。

小翠也一直覺得自己想做的事必須得到同意，否則會失去愛。**她渴望從別人身上得到「懂她，且允許她自由的愛」**。

也許她真的擁有過那樣美好的愛，但她好像沒有因此更懂自己，也沒有放自己自由。

阿義害怕自己不夠強大到扛起責任，一不小心，就會變成像父親一樣的爛男人，也擔心自己太弱，會被人輕視、欺辱，會淪落到跟母親一樣，不能保護自己愛的人。

阿義在這些恐懼之下，他其實**還有更深一層的難過**。

那就是**儘管自己已經不再弱小，但終究還是跟那個男人同樣失敗**。

因為不管他再怎麼努力，他既不能取悅媽媽，也不能讓媽媽為他感到驕傲。

與兒子過於黏膩的關係，影響兒子成長

離婚後，小翠選擇獨自帶著兒子回到家鄉。

雖然在熟悉的地方工作和生活比較容易，但即便如此，小翠還是經歷了一段漫長的低潮。

身為離婚的單親媽媽，小翠心裡本來就有別人難以理解的複雜心境，而一回到靠近

冒牌獨立

只有「心理獨立」，才是真的獨立

母親的地方，過去在原生家庭裡不被瞭解的感受，又重新重重地壓在她心上。**深受不被瞭解之苦的小翠，非常想當一個能讀懂孩子心聲的母親**。同時，她隱隱期待著自己生出來的孩子能成為最親、最瞭解自己的人。

高度的親密需求，讓小翠跟兒子的關係十分黏膩，有時候黏到雙方都難以喘息。

小翠容易受兒子的看法與感受所影響，讓兒子覺得自己好像需要對母親的情緒負責。

小翠年幼的兒子在學校是個內向、略帶悲觀的小孩，導師常因為兒子在校的適應問題聯絡小翠。

處於人生低谷的小翠，曾經有幾次在與老師的對話中崩潰、痛哭：「他在我面前都很正常，都不會表現出這些問題。我是不是不夠愛他、不夠關心他？我居然不知道他心裡在想什麼。」

「也許問題不是出在媽媽不夠愛他，正是因為你們非常相愛，彼此太替對方著想，擔心自己的坦白會讓對方難受，所以才不敢讓對方知道自己真正的想法和感受。」

小翠忘記老師後來怎麼回應自己，但後來學校安排了心理師和兒子進行評估式晤談。結束後，心理師對小翠說了這段話。

為了兒子，開始接受心理治療

小翠為了兒子，開始接受心理治療。

小翠發現自己一直覺得「愛就是理解」，因為得不到母親的理解，所以她一直卡在不被愛的痛苦裡。

在跟兒子的磨合中，小翠有了新的覺察。

因為每個人都不相同，有著各自的侷限。相愛時，儘管奮力互相理解，但有時仍理解不了，或者即使有時理解了，也無法支持。

此時，**破解僵局的方式，是給予空間和自由**。讓對方做他自己，**也是一種愛的表現**。

重新定義自己與母親的關係，理解自己是被愛的

回過頭來看，小翠發現媽媽雖然沒辦法理解自己，但是她盡力地給女兒自己認為的好東西——讓女兒會做家事，支持女兒念書。

也許出於偏見，母親沒能公平地對待小翠，也無法理解與成全小翠的喜好與理想，但最後做母親的，仍放手讓女兒飛去更自由的土地。

小翠重新定義了她與母親的關係。

小翠**也許不被理解，但她是被愛的孩子**。

想要避免自己走上父親或母親的老路

阿義會開始來我的晤談室接受心理治療，是因為他想挽回女友。

阿義很愛女友，也很渴望有自己的家。儘管他在兩人相處的時候很尊重女友，在財務和家務上願意平等地分擔，也很重視兩人在情感與想法上的溝通，可說是無懈可擊的好男人。

但是阿義在其他人際關係裡呈現的易怒特質，讓女友非常猶豫。女友遲遲不肯答應阿義的求婚。

阿義早就知道自己的家庭問題一定會對自己有影響，但他覺得自己現在的樣子，可以避免自己走上父親或母親的老路。

阿義很難意識到自己所謂的「正當防衛」、「不讓別人欺負到自己頭上」或是「男子氣概的表現」，在他人的眼裡，是和衝動、易怒、暴力，甚至危險，劃上等號的。

終於對心理師敞開心房

阿義也很難相信女性心理師。他總是把晤談室當成整理情緒的地方，把感受留下來，但不帶走任何領悟。

一直到我對阿義說了一個我對他的觀察，他才稍微開啟心房。

我對阿義說：「你說是因為你表現出男子氣概，那個客人才沒有占你便宜。但我很好奇那些固定給你修車，有禮貌、不囉嗦的客人，他們都是因為你之前展現出男子氣概，他們才這麼信任你，合作態度這麼好嗎？」

這個問題激起了阿義的好奇。他發現自己也很想知道這個問題的答案。

阿義開始觀察起自己的客人，有時候還會做一些言語試探，例如他會對客人說：「每次我報價，你都這麼爽快，不怕我騙你啊？」之類近似玩笑的話，但得到的答案卻出乎阿義的預料。

客人們認為阿義很重誠信，修車技術很好，不是那種會為了蠅頭小利而騙人，破壞自己名聲的人。

「原來現在信任我的人，都有認真觀察過我。」阿義**這個小小的新覺察，開始讓他產生行為改變**。

從「對抗式發聲」轉變為「對話式發聲」

當又有新客人質疑地說：「怎麼這麼貴？年輕師傅，你不要欺負我不懂，就騙我呀！」過去的阿義聽到這種話，往往會立刻變臉，直接嗆對方：「不信，你就去別家問！」

好一點的結果，是客人憤而離去，只失去一單生意。

慘一點的結果，是客人不服氣，開始和阿義對罵，惹得老師傅得出來幫他善後。

但新的覺察，讓阿義從「對抗式發聲」轉變為「對話式發聲」。

阿義開始會覺得新客人提出的質疑，只是他對自己沒有足夠的認識。有了這個想法，他就願意多解釋幾句給客人聽，甚至提出不同價位的選擇，也列出明確的優、缺點，讓客人自己斟酌。

藉由這樣的對話，客人就會發現眼前這個年輕師傅肚子裡真的有點東西，甚至還可以選擇符合自己經濟條件的選項。

等第一次合作過後，客人更可以見識到阿義的專業能力，建立起未來合作的基礎。

當阿義不再抱持隨時與人對立的態度，所有的人際關係也開始正向循環。

阿義那些被視為易怒的行為大大減少，也讓阿義的女友對與他共同建立家庭，更有信心。

親情獨立篇

親緣淡薄，誰的錯？

第六章

如果孩子跟我不親

身為成年子女父母的心理獨立

身為父母，
我們往往先以孩子的成就，
定義自己身為父母的成功與否，
接著，再以孩子是否「孝順」，
評斷自己一生的付出是否值得。

能在晤談室裡，再一次地見到阿娥，我由衷感激。

我們已經定期晤談好幾年了。前陣子，她突然罹患重症，經歷了一場大手術，休養了相當長的一段時間。

期間，我甚至開始思考「如果她過世了，我會收到通知嗎？」幸運的是，我們晤談的約定依然能夠延續。

「我這次在鬼門關前走了一遭，心理師，你都還願意為我擔心，可是我的兒子卻一次都沒有來看我。」

阿娥感嘆著，接著試圖找一些理由，或許是想說服我，抑或是在安慰自己。

然而，不可改變的事實是，孩子認為母子兩人少見面，可能更好。

阿娥逐漸意識到自己內心未解的問題一直在影響著她和兒子之間的關係。

因此，阿娥決定透過心理治療，正視並處理原生家庭對她的影響。

阿娥**期望能夠成為一個不再延續家族議題的母親**。

冒牌獨立

只有「心理獨立」，才是真的獨立

身為父母，我們往往先以孩子的成就，定義自己身為父母的成功與否，接著，再以孩子是否「孝順」，評斷自己一生的付出是否值得。

這樣的觀念往往使我們在孩子年幼時，容易過度介入和影響他們的決定，而在他們成年後，卻難以放手，讓孩子們過上屬於自己的人生。

知道兒子嫌自己管太多，卻很難控制自己

阿娥的兒子不願意與她保持太密切的關係，是因為單親的阿娥非常黏孩子。即使孩子已長大成人，阿娥仍然極力參與他的生活大小事務。

然而，兒子並不想要承擔母親如此多的關注與注意力。因此，他選擇離開家鄉，到外地念書，並在那裡定居和工作。

當兒子開始談戀愛時，阿娥也多次干涉，這使得他感到更加需要與母親保持距離。阿娥知道兒子嫌自己管太多，卻很難控制自己。阿娥其實分不太清楚哪些話可以說，而哪些話不能說。

偶爾和兒子通到電話，開頭幾句，還挺正常、溫馨，後面就變調了。

通常都是兒子說：「媽，你管太多了，這不關你的事！」然後結束電話。

玉珍身為大家庭的長女，從小替忙碌的父母照顧年幼的弟妹，等長大一點，就進店裡幫父母做生意。

對玉珍而言，以父母和家庭的需求為優先，是理所當然的。

玉珍結婚成家後，也繼續以相同的模式，經營自己的婚姻和家庭。

玉珍覺得自己身為母親，沒有任何缺漏，甚至比自己的母親還要周到。

但她的付出卻並未換來女兒的體貼，而是無盡的埋怨。

玉珍的女兒小翠是個獨立、有主見的孩子。從小玉珍教導她家事，她做了幾天後，便要求年幼的弟弟也學著做；長大後玉珍教她生意，但她學了一陣子，就想去別的地方打工。

玉珍很氣女兒只顧自己，不以家庭為重，卻又捨不得讓女兒過得像自己以前一樣辛苦。

儘管玉珍感到自己在小翠的成長過程中，一直在退讓，但她仍然沒有換得一個溫暖、貼心的女兒。

母女關係既不和諧，也不親密，成了玉珍心中的遺憾。

玉珍曾希望能與自己的母親更親近一點，然而，媽媽的心裡卻只有生意和無盡的煩惱。

如今自己也有了女兒，但女兒只要一想到媽媽，就是提要求或抱怨，讓玉珍感到非常無奈和沮喪。

母親全盤吸收女兒的怪罪

小翠對母親玉珍有很多的不滿。

年少求學時，小翠抱怨玉珍不肯栽培她，不讓她出國念書；婚姻出問題時，她埋怨母親給自己結婚壓力，才害她跟不適合的人在一起；帶著孩子離婚後，她又怪母親偏心弟弟的孩子，很少照顧她的孩子。

小翠的埋怨，就像針一樣，綿綿密密地刺在玉珍心裡。

看見女兒懷才不遇的職場生涯、坎坷的婚姻到最後成為辛苦的單親母親，玉珍非常心疼自己的女兒，所以她全盤吸收了女兒的怪罪。

有好長一段時間，玉珍的心裡充滿苦澀與內疚。

玉珍認為就是因為自己不是個有能力、有智慧的母親，才會讓女兒過得這麼不順遂。

沒有看清自己與成年孩子真正的需要

阿娥與玉珍不是不求上進，或不會思考的人。

她們都努力從自己的原生家庭經驗中進步，但**她們的覺察與領悟，仍依附於自己的照顧者，沒有看清自己與孩子真正的需要**。

阿娥在物質跟情感雙重匱乏的家庭長大。貧窮的家庭與不負責任的伴侶，讓阿娥的媽媽心力交瘁。她就算想好好照顧阿娥，也捉襟見肘、無能為力。

阿娥做得比她母親更好一點，她及早和不適合的伴侶分開。她不想兒子體會到自己無所依靠的苦，所以總是習慣為兒子「多做一點、多提醒一句」。

阿娥一直搞不懂自己盡心盡力，「怎麼就錯了？」遑論弄清楚自己到底「錯在哪裡？」

母親對待兒子的方式，補償了自己失落的童年

後來我與阿娥晤談。透過心理諮商，阿娥開始療癒自己。阿娥一週一週反覆訴說自己的煩惱。

阿娥聽著自己的故事，也重新認識自己。後來阿娥慢慢開始聽得進其他人的話，裝得下其他人跟自己不同的視角。阿娥的覺察和自信，也就這樣逐漸培養出來了。

阿娥知道自己努力讓兒子在一個不虞匱乏的環境成長，其實是以另一種形式，補償了自己失落的童年。

從前，阿娥做女兒時不能被滿足的需要，都在養育兒子時一一做到。

阿娥給兒子足夠的陪伴。她不會對兒子的苦袖手旁觀，她不會讓兒子承擔超齡的風險，她更讓兒子免去她童年的創傷。

這些，都是阿娥做得不錯的部分。

當母親能自我肯定，也更容易能從兒子的角度看事情

某一次晤談時，阿嫦跟我分享她從別人身上吸取的智慧。

她問自己的太極拳老師：「你的子女都在國外，沒人回來陪你過年，你會不會很孤單、難過？」

老師笑笑說：「孩子去做他想做的事，我就做我想做的事。他很自由，我也很自由。他想家，就回來。我想他。就去看他！」

阿娥對我說：

「我一直覺得老了以後，只有自己一個人，一定是因為這個人做不好，沒人愛，所以沒人願意陪他。現在才知道，不是這樣。一個人也可以過得很好、很自由。我不懂，也不喜歡自由。可是我兒子需要自由。」

當阿嫦變得更能自我肯定時，她就更容易從兒子的角度來看事情。

阿嫦終於不再覺得自己是個壞媽媽。她只是一個跟不上兒子長大獨立速度的媽媽。

但從今以後，一切都有了新的開始。

冒牌獨立

只有「心理獨立」，才是真的獨立

離婚後，獨自帶孩子的小翠承擔很大的心理壓力。嚴重的時候，一週情緒崩潰好幾次，讓玉珍既心疼又愧疚。

後來小翠的身心狀況漸漸平穩，玉珍才從小翠口中知道，是因為去身心科接受藥物和心理治療，狀況才慢慢變好。

玉珍聽到女兒分享自己過去的瓶頸和低潮，很多是她完全沒想過的事。但心理師卻能在那些時刻幫助到女兒，這讓玉珍對諮商很好奇，她想知道心理師也能夠幫助到她嗎？

對孩子已經成年的覺察：接受「過錯」與「錯過」，才是真正為孩子好

當玉珍來與我晤談，玉珍說這打破了很多她的想像。

玉珍以為心理師會像老師一樣，教她答案與做法，但**心理師只是幫她把說不出的感覺說出來，把想不通的事情想清楚。肯定她的感受，尊重她的想法**。

玉珍常常覺得自己只是去聊了一個舒服的天。結束，時心底莫名的輕鬆。

如果說玉珍真的在我們的晤談裡學到什麼，大概是用成年人的方式對待女兒吧！

一開始晤談時，玉珍想知道自己的教養到底錯在哪裡，所以她看了很多的教養書。她還把書帶來與我討論，沒想到，我對玉珍說：「你的女兒已經長大了。你看一些跟成年子女相處的書吧！」

玉珍很認真去書店找，玉珍對我說：「沒想到還真的有。」

看了一些書之後，玉珍發現自己並不孤單。有成年孩子的父母都會遭遇類似的處境。

每一個孩子長大後，都會有他們自己的人生難題。有時候，他們會把問題怪給父母和環境。也許，父母真的有過錯。畢竟父母也是人，無法做到十全十美。

但若父母以為自己可以藉由彌補孩子，修正自己的「過錯」，讓孩子的人生難題消失，那就大錯特錯了！

輕易出手給成年子女幫助，是剝奪子女學習與承擔的機會，也是否定孩子的能力。

也許，你現在才體會教養的真諦，想要彌補自己過去沒能給孩子的各種有形、無形之物，但此時的補償，稍有不慎就成毒藥。

理想的做法是：接受過去「錯過」的，就是錯過了。當下，好好當個成年子女的父母，給予恰當的支持與尊重，才是兩個成人健康的相處之道。

以自我尊重的方式進行對話：接受過去的不完美，不再被內疚綁架

有身為成年子女父母的領悟之後，玉珍面對小翠的求助，不再像以前那樣百依百順或小心翼翼了。

一則是因為玉珍不再固執地認為女兒遭遇的困難，都是自己造成的，不再因為內疚與補償心態，為女兒過度付出。

二則是玉珍開始用成人的方式與女兒相處。她已經懂得以互相尊重的態度，和女兒商量事情。

某次，當小翠又臨時請玉珍幫忙顧孫子時，因為玉珍已經安排無法更動的行程。小翠情急之下，對她抱怨：「從小到大，你都是這樣。每次，我需要幫助的時候，妳都幫不上忙！」

這些話，自然又勾起玉珍的自責和內疚。

但玉珍**沒有把女兒的氣話照單全收**，也沒有在女兒心急如焚的時候，企圖讓女兒理解自己的感受，**而是繼續聚焦在眼前的任務：**「找人幫忙顧孫子」。

後來，順利找到了三全其美的解決方法。

●●●

又隔了幾天，玉珍才跟小翠提及自己聽到她抱怨時的感受。此時，小翠已經平靜下來，而且有過自我反思，立刻就對玉珍道歉了。

小翠表示自己尊重，也支持母親的個人生活。兩個人交換彼此的感受與想法，逐漸磨合出更好的互動方式。

人際獨立篇

藏在雲端裡的批判者

第七章

大家在心裡都是怎麼看我的？

鍛鍊在社群生活上的心理獨立

當人們把自己的好壞或價值寄託於他人，
就需要用「他人的不好」，
來襯托或證明「自己的好」。

「我以為她今天很開心，一直到晚上我看社群，才知道她回家之後發動態，說她終於看清楚人性的黑暗面，我超驚訝！我心裡完全沒概念是什麼讓她有這樣的感想。「我不停刷她的主頁和下面的留言，還把今天手機裡拍的照片，拿出來一張一張回想。我腦海裡有各種猜測。我煩惱到睡不著！」

子怡坐在晤談室裡的沙發上。她雙手把臉遮起來，苦惱地跟我說著自己昨夜失眠的原因。

昨天子怡和幾個朋友一起幫過生日的好友辦慶生會。她承接了自己最不擅長的招待工作，頂著怕出糗的壓力，辛苦了一整天。

雖然大家都玩得很開心，壽星也表示自己覺得非常感動，活動可說是圓滿結束，但子怡的腦中還是反覆想著今天出的小差錯，為自己沒有考慮得更周全，而感到氣惱。結果晚上滑手機時，居然讓她看到壽星發的動態。子怡馬上對號入座，一直往自己的身上找原因！

子怡是一個在現實生活中深受完美主義所苦的人。

冒牌獨立

只有「心理獨立」，才是真的獨立

子怡覺得**把事情做到一百分，只是基本要求，而要能達到超乎他人的預期，才是真的優秀**。

超高的自我要求，讓子怡即便在不工作，也不需要社交的私人時間裡，都還是處於壓力極大的狀態。

很多人會透過網路社群，找一些可以讓自己會心一笑的素材來放鬆一下，或是用非正式的方式，在網路上做些輕鬆的人際互動，但子怡把社群當作知曉對方心意的工具。她想知道對方在自己的面前，是不是把真正的想法隱藏起來。

子怡想透過對方在網路上的文字，來得知他們內心真實的想法。

這種窺探他人背後心思的習慣，讓子怡的網路生活充滿束縛。

在網路社群裡，找「主考官」與「假想敵」

很多人認為在網路建構的雲端世界裡，可以實現或滿足自己在物質的現實世界做不到的事。

比如有人在遊戲裡，獲得工作上得不到的成就感。有人享受在網路上與陌生人分享生活，讓自己有人陪伴，卻又不需要和人太過親近。有人在網路社群上展現自己的另一面，讓在現實生活中必須壓抑或隱藏的自我出來透透氣。

不過，有時候，我們在網路社群上做的事，背後的動機與目的，是與在現實生活中相同的。

在現實生活中，仰賴他人給的「評價」來瞭解自己的人，以及需要透過和他人「比較」肯定自己的人，他們在網路世界裡，仍然追尋著同樣的目標。

他們會找人來評價自己，把某人當成自己的「主考官」。他們會拿自己跟某些人做比較，然後把他們放進「假想敵」的空位上。

「透過和別人比較，我才能進步！」

當我在晤談室裡，第一次與子怡談到「假想敵」這個概念，子怡對我說：「我以為大家都會這樣做。我沒有意識到這會帶給我困擾，讓我變得焦慮。我一直覺得透過和別人比較，我才能進步！」

所以在子怡人生中的不同階段所經歷的每一個環境裡，她總會找到一個讓自己羨慕，甚至嫉妒的對象。

子怡會把對方當作自己的「假想敵」，在心中默默與對方競爭，努力想追上對方的腳步。

子怡認為只要追上了，她就能**更接近理想中的自己**。

不想做得比朋友／假想敵差

其實，子怡這幾天正在準備重要的證照考試，但她並沒有以忙碌為理由，跟朋友推掉慶生會的籌備工作。

身為內向I星人的子怡，甚至還咬牙接下自己最不擅長的招待與暖場任務。因為子怡對於自己沒辦法花太多時間，跟大家一起提前布置場地或準備餐點，感到愧疚。

在子怡既焦慮又疲倦的狀況下，她將壽星在社群上發表的動態，當作是對自己的評價。

彷彿自己是被主考官刷下來的考生，過了不斷反省而失眠的一夜。

我問子怡：「有多大的機率，她（壽星）是因為你，而有這個感觸的呢？」

子怡皺著眉頭，說：「我知道讓她心情不好的人，不太可能是我。就算我那天犯了一些小錯，大概都不足以讓她有這些感觸。但是，我總覺得我還可以做得更好！」

我與子怡一起細緻地回顧整個歷程。

子怡發現自己在過程中的選擇，是來自她將朋友們看成嚴苛的主考官，或是強勁的假想敵，所以她**無法照顧自己的需要**，**也無法在關係裡自在地做自己**。

例如，子怡會想：「小倩為了慶生會，特地從外縣市趕過來住一晚。晴晴家裡有兩個小孩，也願意抽時間來幫忙。米拉身為忙碌的創業老闆，都能抽出時間了。我怎麼能為了準備證照考試，就不幫忙呢？**她們都能兼顧，為什麼我不能？**」

所以子怡壓下考前準備不足的焦慮，撐著心力交瘁的身體，去承擔超出負荷的社交任務，只因為她不想做得比朋友（也是假想敵）差！

脆弱的心理防線，讓人「看不清自己」，更無法「做自己」

太在意他人對自己的看法，加上內心沒有穩定的自我形象，讓子怡的心理防線很脆弱，**很容易被別人的意見牽著走**。

更多時候，子怡甚至會主動尋求外在的評價，然後將此作為事前的行動參考，以及事後的評估標準。

可是在這一場慶生會裡，究竟誰是主考官呢？是壽星，是好友們，還是所有的參與者？需要被考核的是什麼呢？是社交能力，是友誼品質？還是你的人生有多努力、多優秀？

子怡的心裡其實沒有答案。

她只是覺得她需要滿足關係裡的其他人，讓他們對自己滿意。

可是在重重的標準下，子怡真正的自我，已經不在關係裡了！

被母親逼到哭著對電話大叫：「我是不是永遠不能讓你滿意呢？」

不令人意外地，子怡有個有強烈潔癖、高度完美主義、周遭的人都公認很難相處的母親。

上個月，子怡的母親把子怡逼到哭著對電話大叫：「媽媽，夠了！你能不能不要再要求我！我已經盡力了。我是不是永遠也不能讓你滿意呢？」

子怡長期用自己的能幹和順從，去面對控制欲過強的母親。**達到媽媽設下的標準，是子怡三十幾年人生裡的最高指導原則**。

但子怡覺得自己真的是很累、很累了。

「你好，我不好」，不是相愛的正確方式

我們都曾經將自己的心思和能量貫注在「如何讓照顧者滿意，好讓自己值得活在這個世界上」。

年幼的孩子完全仰賴身邊的大人，才能存活，像是大圓圈裡完全包裹著小圓圈。但隨著時間過去，小圓圈會逐漸變大。兩個圓圈的重疊度因此逐漸減少，最後變成兩個相同大小的圓圈，一起決定交集的部分。

有了獨立能力與心智的我們，不會全然把照顧者的標準當作唯一標準；更明確地說，我們會以自己為重心，調整每一個關係裡，我們願意投入的部分。選擇我們在那個關係裡，想要展現的自我。

冒牌獨立

只有「心理獨立」，才是真的獨立

我們會接受對方也有相同的權利，我們彼此雙方都可以在關係裡做自己。當兩人的自我相抵觸，就需要彼此溝通、協調，並且接納對方可以擁有不受關係影響、全然獨立的部分。

如果照顧者讓你學到的相愛關係，是單向的塑造，是不允許你擁有他不同意的部分，而只想看見你成為某一個他所期待的樣子。那麼**這是一段不平等的關係**。未來，當你在關係裡處於「他好，你不好」的狀態時，你可能習以為常。你無法為自己感到委屈或不滿，無法捍衛自己的權利，也無法劃清界限，甚至無法保護，並支持自己。

需要女兒比自己差一點，讓自己顯得很有價值

開始療癒自己的子怡，持續鍛鍊自己的心理能力，也調整自己在每一段關係裡「你好，我不好」的狀態。

當子怡重新深入地思考這些現象，她發現**當人們把自己的好壞或價值寄託於他人，就需要用「他人的不好」，來襯托或證明「自己的好」**。

子怡想起從小母親對她抱怨的童年經歷。

即使子怡的母親是孩子裡最會念書、最聽話，也最孝順的孩子，但還是一直得不到外婆的肯定與偏愛。

外婆重視長子身分的哥哥，也疼愛身為老么的弟弟，唯獨對身為二女兒的子怡媽媽，卻特別苛刻。

因為外婆很需要一個分擔她辛苦的孩子，也需要一個「比不上自己」的孩子。

子怡的媽媽在當了母親後，也是用相同的模式對待子怡。

子怡的媽媽希望子怡可以能幹到分擔身為母親的壓力，但也需要女兒比自己差一點、弱一點，讓自己顯得很有價值。

子怡的媽媽不是不愛女兒，也不是不希望女兒幸福、快樂。她只是**消化不了女兒比自己好**、**比自己優秀**、**比自己幸福**。

子怡的媽媽逃不過「你好，我不好」的定律。

她覺得自己與女兒非得有一個坐上不好的位置。

以正向、善意的方式，表達自己的「界限」，創造「我好，你也好」

子怡經過多次的內心掙扎，也在人際互動後進行反思。她開始一點一點，逐步嘗試改變。

子怡會在與人相處時，實踐「公平」的原則。當對方說明他想要跟不想要的部分時，子怡也會表達自己的期待與侷限。

當兩方利益有所衝突時，子怡不會立刻退縮，按下「放棄」鍵。她學會多堅持一下，尋找並創造「我好，你也好」的機會。

如果再來一次，在慶生會的事前籌備時，每個人都會表達自己可以配合及無法配合的部分，子怡會學習坦然地說明自己的顧慮，包括準備考試的壓力，以及不擅長社交度太高的任務。

子怡會試著以正向、善意的方式，表達自己的「界限」，而不是在腦海裡無止境地害怕自己的拒絕會傷到別人。

子怡學習表達自己的限制，同時不放棄讓對方知道自己的心意，以減少誤解，例如：

■「我最近在準備很重要的考試，但我很願意一起籌備，有沒有什麼比較不花時間的任務可以給我？」

■「也許我讓大家看不出來，但我其實很害羞，要鼓起很大的勇氣，才敢跟陌生人寒暄。招待這個工作，我做不來；但我可以協助聯絡蛋糕跟水果的店家，慶生當天也能開車去店裡取貨！」

子怡練習在關係中，「拒絕」自己不想要的部分，但不用全然退出關係。她嘗試在關係中，找到「共好」的可能。

他拒絕做這件事，不代表他討厭我，也不代表永遠都會拒絕我

以前的子怡不曾拒絕他人，所以**當她被他人拒絕時，常會以個人化和災難化的方式去解讀**，像是「他一定很討厭我，才會直接拒絕我！」「天啊！我居然做到讓他拒絕我。我在公司沒有立足之地了！」

但當子怡開始努力營造「我好，你也好」，也多次達成「拒絕」任務後，她開始連

冒牌獨立

只有「心理獨立」，才是真的獨立

結並整合自己和他人的經驗。

她**能以多元視角看待他人的回應**，好比「他是不是有什麼考量，所以才拒絕我？」

「他拒絕做這件事，但不代表他討厭我，也不代表永遠都會拒絕我。」

●●●

踏上療癒之路的子怡，雖然仍然很喜歡追求別人心中最棒、最重要的位置，對於自己無法取悅所有人這件事，也還是會感到難受，但現在已經變得比較能接受，釋懷得也比較快。

但最重要的是，子怡**願意花更多心力**，**去站在自己這一邊**，也開始研究如何用最悅己的姿態生存於世，來成就自己活在這世上獨一無二的價值。

職場獨立篇

從新鮮人蛻變成老鳥

第八章——

我的伯樂在哪裡？
鍛鍊在職場上的心理獨立

她覺得自己的內在像是一個有破洞的袋子，
等待著「人生導師」教給自己那些值得裝進袋子的好東西。
但是，好像沒有人能給她夠好的東西，
更重要的是，她覺得自己配不上任何放在眼前的好東西。

冒牌獨立

只有「心理獨立」，才是真的獨立

「我做錯什麼？她是主管，執行前，先問過她，有什麼不對？為什麼要罵我？」

可欣在晤談室裡崩潰大哭。

看來是忍了一整天，真難為她了。

進公司三個月，可欣每天早上一進辦公室，就先去跟主管確認當天的工作流程。比起上一個助理總是迷迷糊糊，還自作主張，主管很滿意可欣事前請示，還會做筆記的好習慣。

但今天可欣匯報到一半，主管不知何故突然對著她大吼：「連這個也要問？你有沒有自己的想法？公司請你來，是讓你問問題的嗎？你想想看你的工作表現，配得上你的薪水嗎？」

可欣當下既難過又羞愧。

可欣很想替自己解釋，但又擔心這會進一步觸怒主管，讓局面一發不可收拾。只好忍下委屈，默默回到自己的座位。

可欣的淚水中所承載的悲傷，不只是因為被主管責怪。

可欣想起小時候數學作業不會寫，她被爸爸罵到痛哭。「我辛苦賺錢，讓你念書，你卻連功課都不會寫。我怎麼會有你這麼笨的小孩！」爸爸罵可欣笨，可是爸爸沒辦法教她寫作業，也沒有跟她說下一步該怎麼辦。

後來可欣靠自己的努力，考上公認的好大學。她一邊當研究助理，一邊積極爭取獎學金，支付自己的生活費和學費。

畢業前夕，教授詢問可欣有沒有考慮繼續讀研究所。教授可以把研究助理的位置保留給可欣。

可欣把自己的開心與猶豫告訴母親，結果媽媽冷淡地回應她：「我沒文化，不知道你們這些年輕女生都是怎麼想的。都老大不小了，卻還在念書，最後還不是要結婚、生子。讀那麼多書有什麼用？」

可欣哭了一個晚上。

最後決定放棄升學，而且一畢業就去找工作。

可欣知道生涯規劃的問題不應該問母親，道理就像可欣無法請小學肄業的爸爸教自己寫數學作業一樣，但她實在好希望自己能從父母那裡獲得些什麼，讓自己的身上有跟父母一樣的能力或價值，也可以順理成章地得到父母的認可，然後被喜愛！

只可惜，可欣一直無法達成這個願望。

因為可欣的爸爸覺得開小吃店是自己不得已的選擇，而小孩到店裡幫忙是倒霉的義務，並不是孝順或學習。

至於做清潔員的可欣媽媽，卻最看不起打掃工作。可欣的媽媽覺得要不是沒錢念書，她也不會淪落至此。

可欣的父母看不見他們自身有價值的部分，也看不見可欣身上值得被肯定的優點。

可欣的父母既無法傳承好東西給孩子，也無法認同孩子身上的好東西。

也因此，可欣一直覺得自己的內在像是一個有破洞的袋子。

她等待著「人生導師」，教給自己值得裝進袋子的好東西。但是，好像沒有人能給她夠好的東西。更重要的是，她覺得自己配不上任何放在眼前的好東西。

這樣的心理狀態，讓可欣在職場上的表現，維持得像張白紙。可欣總是等待別人先畫上第一筆。

她是職場上永恆的新鮮人。

無法擺脫原生家庭的舊劇本

壓力情境是最容易讓原生家庭模式在我們身上復甦的時刻。

在多年的晤談室經驗裡，我發現人們比較容易覺察家庭經驗對親密關係的影響，但很少覺察到自己的職場人際關係，也會受到家庭經驗所影響。

有些人即便已經工作很多年，但仍然看起來像個「菜鳥」。無法讓人覺得可靠，願意信任或重用，也無法隨著歷練，蛻變為獨立老鳥。

原來他們的內在都有著從原生家庭帶來的舊劇本，讓他們的職場生涯因此停滯不前。

以可欣為例，其實這份工作已經是她進入社會三年來的第四份工作了。嚴格來說，她已經不能算是職場新鮮人。

在每個面試裡，可欣的主管一開始都會看見她身上的「可塑性」。那些喜歡乖學生的主管有很高的機率會錄用她，但上司們後來都會發現可欣缺乏自主性與不夠積極的另外一面。不過只要不出大錯，可欣還是堪用的員工。

冒牌獨立

只有「心理獨立」，才是真的獨立

每一份工作的結束，都是可欣自己提辭呈。

可欣受不了能力不好，教不了自己東西的主管。她也不願意在只會要求下屬，自己卻不肯承擔風險和責任的主管手下做事。

可欣知道自己對主管抱著太多期望，但她沒有意識到是**原生家庭的匱乏經驗，讓她潛意識裡，想要有一個足以當「人生導師」的人來擔任主管**。

若可欣無法意識到自己的心中正在上演的劇本，那麼她可能無法真正和職場上的貴人有成長性的合作。

找到屬於自己的伯樂，我才能成為「理想的我」

當父母批評自己的時候，可欣覺得他們的心裡好像有一個比自己更好的女兒。只有那個完美的孩子，才能讓父母快樂；可欣一直努力要成為更好、更完美、更理想的自己，但，其實她**想成為的是「我愛的人心中重要的人」**。

在職場上，可欣不只在潛意識裡，執著地尋找能教給自己好東西的「導師」，她也在尋找能看見自己優點的「伯樂」。

在父母那裡得不到的欣賞與肯定，可欣在師長、前輩、主管等權威角色的互動關係裡，努力爭取。

進入社會後的頭三年，可欣每到一個新工作，她還是維持自己的老習慣，先尋覓環境裡的「導師」及「伯樂」。

最常承擔這個期待的，是可欣的直屬主管，或是負責帶領可欣的前輩。可欣希望自己快速地符合主管和前輩的標準，讓他們可以變成自己的導師和伯樂。在可欣的想像中，只要她找到導師和伯樂，自己就能在對方的帶領跟賞識之下，變得更完美、更優秀。

可欣**將過多的能量用在摸索上位者／權威者的習慣**，**達成他們的期待**，這個做法讓可欣與主管在初期磨合時更順利，但時間一長，她只經營自己與主管的關係，沒有隨著時間「往內累積對自己的瞭解」及「往外拓展對環境的認識」，主管就會慢慢覺得可欣過於依賴，看不見她其他部分的成長。

新覺察：原來自己企圖透過職場互動，彌補過去的失落

當可欣在晤談室裡，好好梳理自己的經驗和感受之後，可欣開始覺察自己在原生家庭裡的失落，她以成人的角度，再次回顧，並重新理解自己的成長經驗。

小時候的可欣得不到雙親的支持與肯定，不是因為她不夠好，而是只要生而為人，就都有各自的不完美。

可欣的父母是在匱乏、不被支持的環境下長大的孩子。他們很難看見自己的好，所以即便深愛自己的孩子，也難以以肯定孩子的方式，讓孩子有自信。

可欣意識到自己在工作上的習性與盲點，是因為自己企圖透過職場互動，彌補過去的失落。

但**當可欣能接納自己的失落，也如實接受父母和自己的不完美時，她的心裡就不再需要「理想化」權威者**，也不再需要花過多的心思，獲得上位者的肯定與支持。

可欣反而可以將心力用在向內深耕及向外擴展，然後用新的角度重新理解讓她挫折的職場互動。

學習理解主管的情緒波動

但每日固定的行程匯報，在那一天，為什麼會激發主管這麼大的情緒呢？

可欣不再執著於主管對自己的誤解與評價，她開始能**轉換視角**看待同樣的事件。

可欣從新角度搜尋腦海中的記憶，試著理解主管為何會有這麼大的情緒波動。她想到幾個可能的原因，可能是主管擔心昨天在主管會議裡的新決議，也可能是為了上週動大刀、還在住院的丈夫煩心。這兩個原因對主管情緒上的影響，都比可欣不是個稱職的員工這個理由來得大。

在職涯裡，成為更好的自己，並不是讓某一個厲害的權威對你感到滿意，才能達成。而是你瞭解自己的能力與喜好，對自己未來跟團隊合作的方式有想法與熱情，然後運用環境的資源，提升自己的各項能力。

最後，你的生產模式就愈來愈趨近你想要的樣子。你會活得更像你自己。

新對話：「我做些什麼，可以幫上你的忙？」

過去的可欣執著於找到一個有「導師」和「伯樂」樣子的主管，現在的可欣，開始

冒牌獨立

只有「心理獨立」，才是真的獨立

致力於**尋找在工作上，自己想成為的樣子**。

例如：她希望自己是一個可以「包容對方情緒，但不受影響的人」，所以當下一次主管又對她發脾氣時，她沒有立刻跟著對方的憤怒情緒走。如果立刻回應對方的憤怒，那麼可欣又會陷入解釋的焦慮中，或者陷入自責的憂鬱中。

可欣學著和對方的憤怒，保持一些距離，讓自己的覺察與思考有空間可以運作。

可欣**開始有自己獨立的觀察**。**她發現主管的憤怒，背後是挫折與焦慮**。

當主管因為計畫案受阻而挫折時，她就會開始對周邊很多的人事物感到憤怒。跟隨這個思路，當主管憤怒時最好的因應方式，是弄清楚什麼是挫折與焦慮的源頭。如果可能的話，可欣會協助對方減輕焦慮。

要不著痕跡地化解憤怒背後的焦慮，很需要巧思。

可欣在多次嘗試後，找到一個很不錯的回應方式，她會對主管說：

- 「你說的，我知道了！還有什麼我可以做的嗎？」

可欣真正想傳達的是「我做什麼，可以幫上你的忙？」

表面上看來，可欣只做了一個小小的改變。

當上位者對她發脾氣時，她從過去飽受委屈地想「我做錯什麼了？」轉變成柔軟，卻有力地問「我可以幫你什麼忙？」

從心理成長的層面上來看，可欣已經從被動、依賴的菜鳥，蛻變成有自信、能做出貢獻的職場老手。

職場獨立篇

擺脫職場炮灰體質

第九章

為什麼受傷的總是我？

易受情緒渲染的心理獨立之道

那些需要與孩子建立緊密連結的照顧者，往往會讓孩子養成「愛你所愛，恨你所恨，想你所想」的習慣。即使換了人際環境。這樣的孩子，在職場上，也會自然地與同事的想法和感受「同步」，成為最容易受到團體氛圍影響的人。

「你夠了喔！每次交貨前都提這麼多意見。客戶沒抱怨，老闆也沒說話，都是你自己天馬行空的想法。你要不要自己下來做看看！」

連續幾天加班，好不容易可以交貨，組長卻對組員們提了新要求，智緯因而一股怒氣衝腦，竟把同事們私下對組長的抱怨脫口而出！

但話一說出口，智緯就後悔了。

智緯來這個公司還待不到半年，難道又要換工作了嗎？不過，智緯心裡也有另外一個聲音——明明是組長的行為有問題，同組的人也都這麼說，他只不過是把大家的心聲說出來而已！

後來，智緯不但被大主管叫進去辦公室長談。之後每次的小組開會，智緯都會受到組長的特殊對待。

組長會丟給智緯吃力不討好的工作，或是對著智緯冷嘲熱諷，這都是家常便飯。

「你常常是團體中，最先或是唯一對主管說出真話的人，而且在你的職涯中，這一類的事，還不是第一次。」

冒牌獨立

只有「心理獨立」，才是真的獨立

聽智緯講完前因後果後，連結他的工作史，我提出了這一個觀點。

我說的這一段話，讓智緯的思路有了改變。

本來智緯還沉浸在抱怨組長沒有領導力、埋怨同事不勇敢、感嘆公司沒有前景、想著現在這份工作若做不下去，自己又要換工作，又必須適應新環境等，諸如此類的想法。

而我覺得智緯的這些想法都只是著眼於外部的人際環境，並沒有反思自己的內在狀態。

「對耶！這樣想，我好像挺笨的。我總是衝第一個，難怪我常被主管盯上。老婆笑我是炮灰體質，原來還真有點道理！」

智緯開始思考自己的狀態，「每天看同事們在群組裡抱怨。大家會埋怨上司的管理問題、會痛罵公司制度的弊病。但我覺得很奇怪，為什麼就沒有人願意去跟上面反映呢？」

智緯頓了一下，「如果沒有人去講，我就去講。這個念頭只要出現在我心裡，什麼該講、不該講的話，就都從我嘴裡說出來了！」

智緯無奈地擺擺手。

「所以，你不見得每一次都是替自己講話？」我問智緯。

智緯快速地回應，「對呀！我講的都是他們抱怨的內容。很多時候，他們抱怨的事，對我根本沒有影響。」

我的眉毛微微上揚，然後點點頭。

智緯又想了想，「喔！你是不是要說，我為什麼要當個幫人說話的傳聲筒？」

我微笑回應：「我覺得你這個反思很不錯。不過，我剛剛注意到的是另一件事。你似乎會被別人的負面情緒感染，然後代替他人說出他們想說的話！這是為什麼呢？」

「我知道自己的毛病就是雞婆、幫人傳話，也常不自量力，愛替人出頭。不過，我從來沒想過我是被別人影響！聽起來就像被傳染感冒一樣。但仔細想想，還真的是！有朋友說過我對別人的事情太入戲！原來，我是被別人的情緒感染了嗎？」

之後有幾次，智緯開始從這個角度觀察自己。他想起許多比職場經驗更早的原生家

冒牌獨立

只有「心理獨立」，才是真的獨立

庭經驗。

作為么兒，智緯比哥哥更受母親疼愛，但也背負更多幫媽媽分擔心理壓力的責任。

智緯的爸爸是個家境好、學歷好，卻不太願意負起家庭責任的男人。

他讓自己的妻子在心力與經濟上承擔大部分的養家重擔，卻又常在兩個兒子面前，奚落他們的媽媽。

智緯總是站出來為母親講話。

小時候，智緯跟媽媽一起承受父親的怒罵。大一點後，還會挺身而出，跟媽媽一起被爸爸毒打。

智緯曾經很想拉哥哥同一陣線，一起捍衛他們的家。但哥哥對於介入父母之間的破事，一點興趣都沒有。

哥哥既看不慣爸爸，也瞧不起媽媽。

身為弟弟的智緯，比哥哥更包容無法保護小孩，也無法保護自己的母親。

但媽媽卻更重視只顧自己，不肯為家庭付出的哥哥。

容易受「無法保護自己的受害者」所吸引

從小擔心家庭崩毀的智緯，花了很多心力，去維護岌岌可危的原生家庭。智緯無法專注於自己的人生與事業。在好友或妻子這些知情人的眼裡，智緯就是個為家庭犧牲、奉獻，最後卻被家人看輕的傻瓜。

在這樣的家庭氛圍裡長大，智緯學到的愛是「愛你所愛，恨你所恨，想你所想」。好比他愛母親的方式，就是跟母親抱持一樣的感覺和想法，為母親設想，幫母親出氣。這也是**小小孩最原始的愛人方法**。除了行動上，像跟屁蟲一樣黏著照顧者，還會在感受與想法上與照顧者融合，來爭取認同，以獲得安全感。

身心相對健康的照顧者會願意在初期時，犧牲部分的自我與自由，提供緊密的融合，但隨著孩子年齡增長，照顧者會漸進式地，鼓勵孩子的自我發展，脫離融合狀態。不過，如果照顧者受困於個人議題，非常需要與孩子融合，那麼孩子到了該獨立的時候，就不會受到支持，這**會讓孩子陷入成長的兩難**。

我們可以想像得到，這就是智緯遇到的難題。

智緯一直抱著「透過融合，來愛母親」的使命。儘管換了人際環境，但在職場上，他依然容易受「無法保護自己的受害者」所吸引。

智緯很自然地和他們的想法及感受「同步」，也成了最容易被團體氛圍所感染的人。

不健康的團體氛圍：由強大的負向情緒感染者所操控

大家在成長的過程裡，應該參與過大大小小不同性質的團體。仔細回想，是不是有些團體，讓你感覺比較舒服，參加團體活動的前中後都帶著正向的感受，甚至能促發你做出好的改變！這就是健康團體的樣貌。

一般來說，健康的團體會有以下這些功能，像是彼此分享經驗、透過討論，改變視角、共同協商解決問題、互相給予支持，以及分享幽默、協助紓壓等。

但，你一定也有過與上述不同的團體經驗。在參加團體活動前，你就開始焦慮或煩躁。參加的過程裡，讓你有說不出來的不舒服。結束之後，要耗費一段時間，才能恢復自己原本的狀態。這些就是不健康的團體氛圍帶給人的影響。

如果一開始接觸時就感受到這些負面感受，那麼一般人多半會選擇不參與或退出團體，所以更多的不愉快經驗，應該是發生在所屬的團體逐漸從健康變得不健康的過程。

很多時候團體逐漸變得不健康，是因為團體內的每個成員都累積了許多無法排解的負面情緒。消化不了的情緒壓力累積到一定程度，就開始影響團體互動的方式。

如果團體中有某一個充滿強烈負面情緒、人我界線不分，且習慣讓別人與自己共感來減輕情緒壓力的人，那麼他很可能會帶動團體風向，讓整個群體逐漸變成無法容許其他聲音的「一言堂」。

一言堂式的團體氛圍，創造出共同的抗爭目標，讓每個成員將自己的挫折與負面情緒投注在這個假想的敵人身上。有了攻擊、宣洩的對象，大家好像就能暫時忍受壓力，繼續待在團體裡，但此時團體互動的目的，已經與工作目標悖離，造成團隊士氣低迷，且工作效能低落。

如果每一個成員都能靜下來觀察自己，就會發現自己此時的情緒處理方式和思考習慣，變得不像原本的自己。等到離團體遠一點之後，那種氛圍的影響力才會逐漸下降。

新覺察：心靈排毒，將不屬於自己的議題放下

當智緯對自己被他人情緒感染的狀態有所覺察後，他就開始在晤談室裡，以及生活

中，鍛鍊心靈排毒的能力。

智緯努力的大致方向如下：當跟別人討論事情之後，智緯會從自己的角度，再梳理一次，保持自己對人事物的觀點。

若發現自己的觀點與感受跟對方不同，他會先專心於自己的部分。先觀察自己的想法，釐清自己的負面情緒，好好照顧自己。

一開始，**智緯練習得很辛苦。因為智緯總是很習慣去想對方的感受，想幫助對方解決問題**。

智緯必須很有意識地打斷這個習慣，他才能回頭關注自己。

舉例來說，讓他一時衝動，頂撞組長的事件，其實，他是為了A同事出頭。

雖然大家負責的部分或多或少都曾被組長退回、修改，但A同事是公認被組長修理最多次的人，因此他常被組長單獨會談。A同事也是辦公室裡常駐的加班人員，同事們在群組裡都替他抱不平。

但當智緯靜下心來，回頭反觀自己的經驗。在和組長起衝突之前，智緯負責的部分很少被組長批評，因為智緯的專業正好符合他負責的部分，而且他對於整個計畫案的要求有清楚地認識，做出來的成果常令人驚豔，老闆跟組長也不吝於給予智緯肯定，所以當他為了其他同事與組長起爭執時，組長除了感到錯愕，也覺得智緯辜負了自己的信任與賞識。

新對話：「我理解你，但我站在自己這一邊。」

當智緯清楚察覺自己跟A同事的處境完全不同，自己與組長的關係，也跟其他同事不同時，他覺得原本的世界觀被打開，也被打碎了！

一開始，智緯很難消化人際關係裡的「多重角度」。智緯很抗拒待人處事的觀點變得這麼「麻煩」。他很不想接受人與人之間的差別待遇。

不過，職場人際關係裡的新覺察，也**促使智緯回頭面對自己在原生家庭裡隱而未決的議題**。

新的覺察，讓智緯清楚知道母親對自己和哥哥的差異，也讓他理解哥哥跟自己可以對雙親有不同的看法與感受。

一顆葡萄拉起了一串葡萄，這些都成了智緯內心世界的深度，連太太都覺得智緯好像在心靈上快速「登大人」。

後來，當智緯與情緒高漲的人相處時，他都抱持著「我會試著理解你，但我站在我自己這一邊」這樣的態度，讓智緯比較不容易被他人的情緒與觀點牽著走。

例如當公司的群組裡，又在討論A同事令人同情的處境時，智緯不再像以前一樣，很容易就跳到想替對方解決問題的狀態。

智緯仍會關心A同事。他對A同事說：

■「加班，也要記得吃晚餐。回家注意安全。」

同時，智緯的心裡也清楚組長的要求，並非全無道理。

●●●

以前，智緯一兩個月回家一趟，但總覺得壓力很大，因為得隨時準備要在父母有衝突時介入、調解。但後來他反而會在雙親吵起來時，起身準備離開。

智緯覺得雙親雖然關係不睦，但他們有自己的溝通方式，而**「家」也不是像自己小**

時候想的那麼狹隘。就算父母真的發現彼此不合適而分開，那也是兩個成人所做出的決定。

長大、獨立的智緯，已經能尊重父母，也有能力，維持自己跟他們各自的關係。

婚姻選擇篇

離婚都是我的錯?!

第十章

找到自己的聲音，開始對話

離婚前的心理獨立

從自我責怪走到為自己發聲，並不容易。
在你說給別人聽之前，
你需要先說給自己聽。

維珍的丈夫是大公司的高階主管。

兩人婚後第三年，在維珍懷孕期間，維珍就曾逮住丈夫和酒店小姐的逢場作戲。後來十幾年的婚姻裡，丈夫陸續又有好幾次出軌的紀錄。不算那些沒抓到的豔遇，有證據、被攤上檯面的桃色關係，每次都在維珍點破與堅持下，讓丈夫一一斷了聯繫，回歸了婚姻。

很多人很敬佩維珍的選擇與堅持，認為她捍衛了正宮的尊嚴和權利。但沒人知道維珍為此付出多大的代價。

每一次發現丈夫不忠，維珍都痛徹心扉。**維珍的自我貶低傾向都不斷加劇**，嚴重時，甚至有輕生的念頭。

維珍是為了維繫家庭，才咬牙苦撐。她結婚沒多久，就因為嚴重的失眠和憂鬱，長期在身心科拿藥。後來在醫師的建議下，接受心理治療。

儘管丈夫數度背叛，但維珍一直沒有完全放棄。與其說她捨不得自己經營十幾年的婚姻，不如說，她不願意放棄丈夫心目中「完美妻子的位置」。

冒牌獨立

只有「心理獨立」，才是真的獨立

維珍一直抱持著一個信念。只要她繼續努力，做到最好，成為人人稱讚的妻子，那麼她就可以打敗丈夫身邊的其他人。

當出軌的傷痛，隱身到婚姻的背景裡。維珍的日常憂鬱，則充滿著自我要求和檢討。

維珍會問我：「心理師，他連著好幾晚都沒回家。你覺得是不是因為我這陣子沒做晚飯？沒有家的溫暖，所以他才不回來？」

我都還沒回答，維珍就已經又陷入自責與懊悔裡。

在維珍的心裡，她跟丈夫並非處於平等地位。

丈夫被她擺在高於自己的位置，維珍陷入權威者／所愛之人的影響裡，而不自覺。

維珍把丈夫對待自己的方式和看法，當成生活裡的第一考量。而**自己在關係裡承受的傷害與虧待，是她沒有達成所愛之人要求的一種懲罰**。

這使她陷入受虐的婚姻困局，無法離開。

關於好一陣子沒做晚飯這件事，維珍在解釋給我聽的同時，她內心真正的想法也逐漸浮現。

維珍說：「兒子要段考了，我最近都忙著幫他複習功課。幫孩子養成好的學習態度，需要花時間。

「下廚不是我的強項。每次我都搞得很緊張、很累。辛苦煮完飯，又不好吃，大人、小孩都受罪。

「只有我辛苦做家事，沒人肯定我，也沒人重視我。

「在他眼裡，好像我做的都是無足輕重的小事。這種感覺，就像小時候我看我媽的樣子。我媽那麼努力，結果婚姻還是失敗了。」

改變的核心，是先瞭解真正的自己

不論遇到什麼樣的人生難關，改變的核心，都要先瞭解真正的自己。

我和維珍在晤談室裡的對談，透過一問一答，或當我們彼此都因為無言而沉默，但這些都是在引導對方將心理能量轉向觀察內在的狀態，包括自己的想法、感受，以及過去經驗留在身心的影響。

維珍一邊回答我，一邊慢慢從自己說的內容裡，重新瞭解自己：

她發現「做晚餐」這件事，會因為孩子需要自己在功課上的引導，被排到後面，也就是說「做好母親的責任」是維珍目前的首要考量。飲食上可以吃健康的外賣，但監督、培養孩子讀書習慣，維珍責無旁貸。

成為父母之後，父母會視孩子的需要，而把夫妻的角色往後挪移。

這樣的心境變化，她從沒有跟丈夫說過。就算真的說了，她也懷疑丈夫是否會在乎。

想對母親說的話，都打回自己臉上

維珍也開始留意到過去自己從沒覺察到的內在議題。

維珍以為下廚跟做家事，是身為母親的她應盡的責任，被家人當成理所當然，好像也無可厚非。但沒想到，自己的內心卻潛藏著這麼深的委屈，而這種無法言說、難以被理解的處境，與自己小時候對母親的印象重疊了。

維珍身為女兒的時候，看著習慣隱忍到最後而身心崩潰的母親，維珍一直想對母親說：「你不高興，要講呀！你受不了了，需要幫忙時，要說一聲呀！你前面一直憋著不說，等到後面撐不住了，再來怪我們。看你那麼痛苦，我們除了內疚、自責，還能為你做什麼呢？」

維珍驚覺現在這些話，都打回自己的臉上。

找到自己的聲音，開始「對話」

維珍意識到自己在婚姻與家庭中的行為方式，不知不覺模仿了母親。

維珍選擇做出改變。**她開始跟先生和小孩「對話」**。

以往，維珍也會跟家人講話，但她沒有認真覺察自己的需要，也沒有認真想過要如何溝通，所以當對話演變成意見衝突時，她除了氣憤與委屈之外，也會感到莫名其妙。

維珍氣餒地問自己：「為什麼每一次的溝通，都會變成這樣？」

維珍學會在跟對方訴說之前，先反思，或是在說話的當下，仍保有自我覺察，**問自己「我在講什麼？為什麼我需要講這些？我真正想告訴對方的是什麼？」**

當維珍開始有所覺察，她發現自己每到晚飯時間就心煩意亂，想發脾氣。不管丈夫有沒有加班、應酬，她都很想找丈夫說話。

冒牌獨立

只有「心理獨立」，才是真的獨立

表面上，談話的內容是關心對方有沒有加班，要不要回家吃晚餐等等。

但實際上，她真正想說的是：

- 「孩子最近很需要父母陪伴。我做媽媽，做得很累。你能回家幫忙嗎？」
- 「我很努力做你的妻子。做丈夫的你，有看見嗎？有關心我嗎？」

從自我責怪走到為自己發聲，並不容易。在你說給別人聽之前，你需要先說給自己聽。

心理治療可以幫助你，把自己的想法孵化出來，然後言之於口。

當你敢於「想」，敢於「說」，你就能用自己真正的想法跟別人對話。

理解自己在關係中的期待與委屈，說出真心話

維珍一開始的覺察，停在擔心丈夫因為自己沒空做晚餐而不回家，後來進展到清楚自己在關係中的期待與委屈，開始說出自己的真心話。

每踏出一步之前，維珍都已經先在晤談室中，提升了自我覺察。

晤談時，她與我對話，待晤談結束後，她仍持續跟自己對話。

為自己發聲，到與他人對話，都是重整內在認知基模的重要歷程。對話式發聲還會帶來更多人際互動上的收穫。很多原本只能在心裡揣測、糾結、疑惑的事，在對話中，都會得到解答。

當維珍開始跟丈夫對話時，她才發現丈夫並不重視自己作為「父親」的角色。丈夫為了逃避這個責任，常常把親職的重擔，壓在維珍這個「母親」身上。

維珍仔細想來，這樣的模式，從公婆家也看得出端倪。

不再自責，而是看清更多事實

愈來愈多的覺察與對話，讓維珍把焦點從自我責怪，轉變成看清更多早已存在的事實。例如：兩人關係裡客觀的差距。維珍意識到丈夫跟自己在感情與性上的觀念，有著難以調和的差距。

維珍原以為共組家庭，足以成為兩人各自妥協的理由。為了讓孩子有健全的家庭，她可以壓抑自己在情愛上的渴望，忍受丈夫在性生活上的不適切地對待，可這一切，

冒牌獨立

只有「心理獨立」，才是真的獨立

只是她一廂情願。丈夫的心裡，完全是另外一回事。

走到這裡，維珍清楚知道婚姻裡的不愉快，是因為各自背負的生命議題。兩人間的不適合，並非她一個人的責任。維珍**已經能從權威者／所愛之人的影響中走出來了**。

維珍在心裡已經做好離婚的心理獨立準備，雖然並沒有立刻採取行動，但隨後不久，當丈夫再度做了傷害婚姻關係的事情時，她不再被動承受。

在整個離婚的過程裡，維珍勇敢面對，主動為自己和孩子爭取最好的權益，問心無愧地走出這段婚姻。

婚姻選擇篇

沒有人支持我離婚

第十一章——

不再依附他人，做出屬於自己的決定

做離婚選擇的心理獨立

她知道離婚並非完美選擇，
但，這是此時最適合自己的決定。
她已明白這世上沒有錯誤的決定，
只有屬於自己的決定。

冒牌獨立

只有「心理獨立」，才是真的獨立

維珍難以離開讓她受傷的關係，是因為她無法建立自己與丈夫間的獨立。她需要丈夫作為一個權威者，讓她能以兩人關係作為舞台，**上演努力贏得權威者青睞的戲碼**。

如果沒有深刻地覺察，這樣的依賴，往往讓人在有毒的關係裡虛耗多年。美寶的困境，則是另外一種。

美寶覺得自己遲遲不敢離婚的原因，是沒有得到重要他人的支持。對美寶來說，要切斷自己原本倚賴的關係，並做出與他人意見不同的決定，需要極大的勇氣。就像在社群軟體上分享生活片段一樣，愈多人點讚，就好像愈多人支持你的人生。

美寶覺得她還需要更多的「讚」，才能累積足夠的勇氣，下定決心去離婚。

美寶嫁給當初在人群中一眼望去最出眾的男人。但婚後卻過著表裡不一的感情生活。丈夫在人前親切有禮、極有魅力，但與美寶兩人獨處時，卻是個專制且疏離的枕邊人，動輒對美寶使用言語和情緒暴力。

這樣的苦，只有美寶自己知道。

結婚不到一年，美寶就想離婚。但當父母得知消息，卻慎重地表示反對。父母聲稱如果美寶真的離婚，那麼娘家也不歡迎她。

在離婚這件事情上，美寶被迫重新審視父母對自己的親情。**比起心疼女兒在婚姻中所受的苦，雙親卻更在意美寶是不是能有個正常、安全、令人省心的人生。**畢竟除了身為枕邊人的美寶，從旁人的角度來看，美寶的先生是個條件極好、挑不出毛病的伴侶。

自我懷疑又缺乏權威者支持的美寶，在不快樂的婚姻生活裡，待了數年。在這一段時間裡，美寶是靠著工作和好友的扶持，才能走過來。

曉娟和美寶一樣，都受婚姻之苦。兩個人在工作、家庭之餘，常聚在一起，互相吐婚姻的苦水。

曉娟總是講得好像自己下一刻就要去離婚，常讓美寶覺得自己的狀況和好友比起來不算什麼，似乎可以再忍一忍。

冒牌獨立

只有「心理獨立」，才是真的獨立

後來，美寶為了自己的身心狀況，開始接受心理治療。隨著時間推移，美寶覺得自己終於走到可以下定決心離婚的一天。

令她意外且費解的，是好友的反應。

當曉娟聽到美寶真的離婚了之後，曉娟彷彿換了一顆腦袋，突然就無法同理美寶的心情，也不再跟她同一陣線了。

曉娟甚至義正詞嚴地對美寶說：「感情是會變的。我們不能光靠感情活著！」

美寶在震驚、憤怒之餘，跟多年好友斷了聯繫。

不再依附於他人的覺察：沒有錯誤的決定，只有屬於自己的決定

美寶一開始對曉娟的反應很生氣，她覺得好友的不支持，是對自己的「背叛」，就像她當初覺得雙親不贊成自己離婚，就是「不愛」自己。

等美寶自己終於準備好，能做出屬於自己的決定之後，她有了不同的看法，或者可以說，有了不同深度的自我覺察。

原本，美寶對於自己在關係中的覺察，非常容易受他人觀點的影響。

因此，他人能輕易地干擾美寶的思想，進而影響她的情緒變化。好比父母不支持美寶離婚，認為美寶對婚姻的期待過於天真。女婿明明是個這麼好的人，一定是自己的女兒有問題！

當父母認為美寶的婚姻問題是出在她自己身上時，美寶不禁**開始自我反思，甚至進入自我批評的循環**。

同時，美寶難以忽視自己持續在婚姻中所感受到的痛苦，使得她的心情逐漸淪入憂鬱的漩渦。

種種不利的因素，讓美寶難以將自己的感受與他人的觀點整合在一起，同時也缺乏客觀的角度，以幫助她清晰認知關係中彼此不合適的現實。

從「他／她說……」到「我說」

讓美寶改變的原因，應該是我和美寶在一次次的晤談裡，所累積的自我觀察。

晤談裡的反思，不同於平常。在對談中，我協助美寶跳脫原本的思考框架，嘗試從不同的角度看待事物，也不再一直把那些重要他人或權威者掛在嘴邊。

冒牌獨立

只有「心理獨立」，才是真的獨立

以前的美寶說話總是用「他／她說……」作為開頭。這裡的「他／她」可以是爸媽、兄弟姊妹、丈夫、朋友等人。

每當我問美寶她的想法，她習慣性會用這類「以別人作開頭」的句子來回答我的問題，而**我總是會再問美寶一句：「他／她是那樣想的，那『你』的想法呢？」**

一開始，美寶會愣住。她必須思考好一會兒才能回答我。

後來不需要我問，她都會在習慣性說完別人的想法之後，自動補上自己的觀點。

更後來，我想你也能猜到，美寶可以直接說出自己的想法，甚至能分析比較他人和自己的想法之間有什麼不同，以及為什麼會不同。

獨立於他人的覺察能力，需要你投入心力與時間去灌溉。

我在晤談中，透過對談的方式，將求助者發散到他人身上的心靈能量，一次次拉回來，並聚焦在對自我的觀察與反思。

這樣的歷程，可以重建早期被重要他人影響的認知基模，也可以鍛鍊出不再依附於他人的覺察力。

用不同的角度，看見那些原本就存在的事實

有了獨立的覺察力，美寶逐漸能用不同的角度，看見那些原本就存在的事實。

美寶的父母對他們自己的婚姻並不滿意。面對美寶母親的埋怨與謾罵，父親從不反省自身，也不想改變，都推說是母親個人修養不好，而母親儘管無法得到伴侶的用心對待，仍不敢離開婚姻，讓自己的內心充滿怨懟。

至於曉娟雖然嘴上抱怨不斷外遇的伴侶，但實際上自己也有曖昧的對象，曉娟早已不再將情感寄託於丈夫。

說到底，每一個人都為自己的人生做了選擇。他們與你的觀念不同，做出的選擇不同。

如同魚不能住在樹上，鳥不能飛於水中，所以他人無法支持你，無關乎愛與不愛，更談不上誰背叛誰。

美寶覺察到過去的自己，因為太害怕「做錯決定」，所以渴望得到他人的支持。

冒牌獨立

只有「心理獨立」，才是真的獨立

她不斷參照其他人的人生，企圖依賴別人的經驗來做決定，試圖從中找出一個不用冒險的方法。

但現在的美寶，重新認識並接納自己當下真正的樣子。她自己想要的人生，清晰地擺在眼前。

美寶不想過著貌合神離的婚姻生活，也不想繼續讓自己難過，或委屈自己、犧牲，所以她在自己準備好的時候，就決定離婚。

美寶知道離婚並非完美選擇，但，這是此時最適合自己的決定。

美寶已明白**這世上沒有錯誤的決定，只有屬於自己的決定**。

母職選擇篇

因為大家都去生小孩

第十二章——

我也想要有小孩

備孕過程的心理獨立

人們不是透過諮商，生出自我，
而是在持續地晤談中，直面「每個自己」的需要與矛盾。
因為瞭解，並接納自己的不同面向，
自然地增加了關係中對另一方的包容能力。

冒牌獨立

只有「心理獨立」，才是真的獨立

葉子和先生阿康的婚姻邁入第二年，他們也已經搬出來住一段時間了。

年末，夫妻倆一起參加公司尾牙，他們發現很多同事除了配偶，還帶了小孩。孩子們的加入雖然有點吵鬧，容易失控，但是也帶來很多歡笑。公司的高層還特別給每個小孩子一個紅包。

「唉！我們也來生一個，明年抱來領紅包！」

葉子抬手撞了身旁的阿康一下，半開玩笑地說。

阿康微笑，沒有回話。

葉子不知道阿康有沒有當真，但她是認真了。「生孩子」這個念頭就像種子埋進她的心裡，隨著時間瘋狂長大。

打從想「生小孩」起，葉子看待生活裡大大小小的事，都用生小孩當作判斷的標準。主管讓他們小組接新年度的重要計畫。以往，葉子都是人家分配什麼，她就做什麼。現在，她會想「如果今年懷孕的話……」所以葉子在分配工作上積極表態，她把工作盡量安排成她想像中適合備孕的狀態。

不過，隨著葉子為生小孩這個目標投入更多努力，葉子的壓力也就愈大了。

壓力像溢出杯子的水。葉子不只希望在自己生活的方方面面都適合生小孩，她也以同樣的標準看待另一半阿康。

當阿康加班時，葉子雖然心疼阿康的辛苦，但同時心理也焦慮著：「你工作這麼忙，以後有小孩的話，你還能有時間陪孩子嗎？」

以前兩人過日子時，葉子可以理解阿康的事，但現在想生小孩的她，卻不能容忍了！以家務分工為例，葉子一直知道阿康是願意共同承擔家事的人，只是他習慣用自己的方式來完成。過去的葉子即便不認同，仍會尊重阿康的做法，但現在的心態提前升格為母親的葉子，卻開始覺得阿康應該以「我們」為主。

葉子**視伴侶的「自我」，為共同孕育孩子的「威脅」**。

有一次，她忍不住對阿康說：「你都把碗放到你有空才洗。以後有了孩子，要是寶寶急著喝奶，難道你也等你有空再洗奶瓶嗎？」

阿康不回話，只是默默地看了葉子幾眼，然後說：「你有問過我想不想生孩子，或是有沒有準備好要個孩子嗎？」

阿康的話，讓葉子大受打擊。

葉子開始審視自己的婚姻。

她質疑兩個人的感情。心想，難道該找另一個人生孩子？

受大環境影響：「生孩子」是一條不需要思考的康莊大道?!

葉子覺得自己是因為婚姻問題，來找我晤談。葉子擔心自己找錯對象，結錯婚，但又沒有準備好要離婚。

而當我與葉子談了後，葉子開始更深地面對自己。葉子才發現不是阿康的錯，也不是婚姻出了狀況，而是人生走到這個階段，她突然失去了自己的方向。

葉子一直是個順應潮流的人。到玩樂時間，她就去玩耍，到上課時間，她就去學習，該休息的時候，她就放鬆，該奮發的時候，她就努力。

葉子唯一的叛逆是比較早談戀愛。是的，她高中就與當時的男友，即現在的阿康戀愛了。兩人歷經數次的分合、遠距戀愛、同居等相處模式，愛情長跑至前年才結婚。

想到這一些，葉子恍然「頓悟」。這個男人是她非常熟悉、清楚選擇之下的伴侶。

是她的真愛，不是她的困擾。

過了而立之年，接近不惑的歲數，葉子意識到自己失去人生的方向。該做的事，她都做了。念完書、有穩定的工作、找到喜歡的人，結了婚。「接下去的人生，如果不生小孩，我該怎麼安排生活？」

看著身邊同齡人紛紛開始為子女忙碌，葉子不由得這麼想。

如果你也曾經這樣想，你沒有說出來或意識到的潛台詞是不是：**如果選一條大家都去的道路，我是不是就不用思考，也不用擔心走錯路？走錯了，至少不是只有我一個人？**

對內在矛盾的覺察：接納自己的掙扎，對他人的狀態，有更多包容

當人生的火車沒了軌道，自由在你眼前，可是你不敢承擔「為自己做決定」的責任。你想看別人怎麼做，你想跟著大家走，繼續用過去的方式，走接下來的人生。

但為難的是，你的內在自我已經長大。一部分的你，想要找到軌道，獲得安全；另

冒牌獨立

只有「心理獨立」，才是真的獨立

一部分的你，想要展現自我，對冒險躍躍欲試。

瞭解自己的內在狀態後，葉子提升了自我覺察。葉子從依附式覺察，進化到同理式覺察。她不再仰賴他人的生活與信念。

葉子不只覺察到自己想要生小孩的需要，她同時也覺察到自己對自由與承擔責任的矛盾。

當葉子意識到自己的內在掙扎，就更能同理他人也會有各自的議題。因此，對阿康在婚姻中與自己不同調的狀態，有了更多的包容。

人們不是透過諮商，才生出自我，而是在持續地晤談中，**直面「每個自己」的需要與矛盾。**

因為瞭解並接納自己的不同面向，自然地，也增加在關係中，對另一方的包容能力。

在生孩子之前，我們有好好地接住彼此嗎？

談懷孕生子時，我們總是聚焦在女性，把男性當成配角，而很少注意到男人對做爸爸的意願與心理準備度。

葉子埋怨阿康不願意配合自己生小孩，但卻沒有真的好好地跟丈夫對話，一直到阿康發出靈魂提問：「你有問過我想不想生孩子，或是有沒有準備好要個孩子嗎？」

葉子才深受打擊。

起初，葉子陷入被阿康拒絕，以及無法得到支持的挫折裡。她埋怨阿康不願意承擔當爸爸的責任，甚至對兩人的婚姻關係產生懷疑。

葉子覺得自己有努力跟阿康溝通。她多次對阿康提出自己想生孩子的想法，但當阿康表達他對現階段就生小孩的擔憂時，葉子卻覺得無法理解，認為一切都是阿康的藉口。

他們針對生育的討論，只是企圖說服對方的一場場辯論。

一直到我問葉子：「你先生是怎麼想的呢？他是怎麼跟你說的呢？你能重複他當時說過的話，讓我聽聽看嗎？」

葉子瞬間停止絮絮叨叨。

她沉默了許久。

葉子發現自己沒辦法清楚說出阿康的想法。她說的都是自己的詮釋，儘管他們好像溝通過很多很多次，但葉子並沒有真正聽見阿康的想法。

葉子想起父母離婚前，總是吵架的樣子。想起父母總是各說各話，他們沒有要聽彼此的想法，更不關心孩子的想法。

葉子對我說：「原來，我跟我的父母一樣，都沒有在聽另一半說話！」

葉子雖然沒有正面回答我的問題，但**她找到了另一個重要問題的答案**。

接納自己的恐懼，聽見對方的聲音，才能真正開始對話

葉子瞭解到自己一直都沒有得到照顧者的聆聽與支持，所以當阿康第一次不站在她這一邊時，她無法接受，而且隱隱感到恐懼。

葉子害怕兩人的婚姻會走到像她父母那樣，無法彼此支持，永遠各說各話。

但當葉子意識到自己的內在困境，她突然就能接納阿康的焦慮了。

葉子想起阿康是怎麼訴說他的擔憂。他說：「我剛換到新公司，還需要一點時間摸索，工作才能上手。再等一段時間，我才比較有餘裕請假。」

先前葉子只聽到阿康用工作現狀來拒絕生小孩，但現在，她能注意到對方也正在為

「爸爸」這個角色做準備。

「有時候，我覺得我光照顧你的情緒就顧不來。我沒有把握能再照顧一個孩子。」葉子想起阿康曾經這麼說過，當時她很受傷，也很生氣。

葉子覺得阿康是在責備自己，怪她太依賴他，埋怨她把情緒垃圾丟給他，也認為她情緒管理不好，沒有資格做媽媽。

但晤談多次以後，再一次想起這段話，葉子才真正聽到阿康的擔心。那是因為愛她才有的擔心，是因為認真想要把妻子跟孩子照顧好而產生的擔心。**是愛的證明，而非不愛的證據**。

⁂

後來，葉子認真跟阿康討論兩個人現在的相處模式，包括當一方處於低潮時，該怎麼安慰對方，以及哪種形式的支持，對方會比較受用。

他們一步步成為彼此更進化、更合適的伴侶。

冒牌獨立

只有「心理獨立」，才是真的獨立

也許他們現在還沒有準備好迎接自己的寶寶，但未來，他們會成為彼此育兒路上最好的夥伴。

母職選擇篇

你管我要不要生

第十三章——

為了誰，生孩子？

處於不孕歷程的心理獨立

她把自己的不孕視為「無能」，對自己的內在發動攻擊。

她把自己的「子宮」當成敵人，而非夥伴。

在嘗試各種懷孕的正道與偏方時，

她想的是「這些方法能讓我的身體就範嗎？」

冒牌獨立

只有「心理獨立」，才是真的獨立

千芳一直都是一個積極向上的人。從小到大，她在人生的各個層面都全力以赴。但是，千芳努力又焦慮，這兩個看似矛盾的特質在她身上並存不悖。很多人喜歡千芳的正向與親和，卻沒有人窺見她心裡充滿了「羨慕」和「比較」。

千芳跟同學比成績、跟同事比成就。

沒談過戀愛時，千芳**擔心**「**我是不是不夠好**，所以沒人要？」男友還沒求婚時，她**焦慮**「**我是不是不夠好**，所以他不想娶我？」同輩友人紛紛懷孕，她**恐慌**「**我是不是不夠好**，所以生不出小孩？」

人生中的每一個階段，千芳都在**擔心自己夠不夠「資格」晉級**。戀愛的時候，千芳沒來得及問自己「喜不喜歡眼前這個人」。被求婚的那一刻，千芳忙著慶幸自己不用落到逼婚的田地。千芳沒有想過「我適合婚姻嗎？我想跟這個人結婚嗎？我現在準備好步入婚姻了嗎？」

如果人生是一場場的闖關遊戲，千芳只來得及努力往前。每一關都來不及回頭問自己「這是我要的嗎？」一直到她的人生卡在「不孕」這一關，才被迫停下來。

卡關的數年間，千芳好幾次都想放棄。

但如果不繼續努力，「我能接受自己是個沒有能力生小孩的女人，然後過著有缺憾的人生嗎？」

這一次，千芳有時間問問自己了，但她卻想不到答案。

不孕的最大敵人是自己，是她「沒用的子宮」

在用盡方法嘗試闖關，期待懷孕的千芳眼裡，丈夫是總在做自己的事，常常不在線的隊友，而公婆是每個月見一次，每次都丟給千芳很多的餿主意，讓她疲於應付的小Boss。

千芳一直認為「不孕」這關最大的敵人是她自己。是她比別人脆弱的身體，是她「沒用的子宮」。

母親說：「你看你，加班熬夜把自己的身體搞成這樣。女人呀！學歷好、工作好，又怎麼樣，一定要生個孩子。我在你這個年紀的時候，你哥跟你早就上幼兒園了。」

媽媽說她說的話是出於關心。但這些關心的話，推翻了千芳之前的努力，也把不孕的罪定在千芳身上。

在我與千芳無數次的晤談裡，千芳將自己之前為了快速闖關，忘了好好思量的事情，透過對我訴說，一片片揉碎，然後細看，竟然拼出了全然不同的故事。

原來，千芳的母親用關心所偽裝的滲透與影響，才是千芳克服不了的真正大魔王。

來自權威／母親的雙重控制：你要「乖巧」，也要有「能力」

千芳很聽媽媽的話。等到不會影響課業和事業的時候，才開始考慮交男友的事，那時媽媽說：「你表妹都結婚了，怎麼你連對象都沒有？把自己弄得像女強人，有什麼用？」

千芳順著媽媽的意，交了男朋友。媽媽卻說：「交交朋友可以，你可千萬別把肚子搞大，好像你急著嫁人、替人生孩子。太丟臉！」

等到千芳和男友結婚了，想要先過兩人生活，適應一下新的夫妻角色，媽媽又急著對她說：「你也老大不小了，趕快生小孩。不然到時候生不出來，後悔的人是你自己！」

母親需要千芳乖巧、聽話，她才能免於焦慮。**母親也需要千芳有能力處處贏過別人，她才不會覺得為人母的自己很差勁**。

千芳發現自己在「以母愛為名」的迷宮裡走不出去。當她夠乖巧，她可能不夠有能力；當她更有能力，她就不夠乖巧、順從。

母親心裡的天秤左搖右擺，但不管倒向哪一邊，輸的人都是千芳。結論都是千芳不夠完美，所以母親才會總是替她擔心。

不只對身體有敵意，也對協助自己的專業人員，帶著不信任與戒備

在千芳認同母親的觀點，也就是在依附式覺察的狀態底下，她把自己的不孕視為「無能」。

千芳同時對自己的內在與外在環境兩面開戰。她對自己的內在發動攻擊，**把自己的「子宮」當成敵人，而非夥伴**。在嘗試各種懷孕的正道與偏方時，千芳想的是，這些方法能讓我的身體就範嗎？

當婦科出現症狀、月經不順、子宮不適時，千芳覺得自己的身體好麻煩、好脆弱。

冒牌獨立

只有「心理獨立」，才是真的獨立

自己的子宮為什麼不像別人的子宮那麼好用，很輕鬆就可以懷孕、生小孩！

除了對自己的身體有敵意之外，千芳對協助自己的專業人員，也不自覺地帶著不信任與戒備，不管是西醫、中醫、各式治療師，千芳覺得每次去看診、做治療都像是上刑台，不脫層皮，無法走出來。

當醫師告知千芳檢查報告的結果時，她潛意識不想面對自己被評價有問題的身體，所以一點都不想弄懂報告結果，只想單純遵照醫師的建議走。可是，她又忍不住懷疑這些做法，真的對身體有幫助嗎？

在積極備孕的漫長過程中，千芳時而吃藥、時而打針，偶爾還需要上手術台。千芳覺得那些醫療介入，每次都帶給她更多的不適與痛苦，例如：食欲不振、嘔吐、不照常理的出血、陰部腫脹、身體水腫、睡眠品質不佳。

千芳分不清楚，這些不舒服是身體對治療的自然反應？還是過度或錯誤的醫療介入？還是為了療效，可以忍受的暫時性副作用？千芳不想弄清楚。但不弄清楚，她又很不安。

千芳沒有意識到自己雖然尋求協助，但潛意識裡卻沒有將醫療團隊視為幫助自己的人。在千芳言談中所透露出的態度與想像裡，她更傾向認為醫療人員會草率地看待她的問題與不適，會嚴苛地評價，並考驗她。

在一次次的晤談中，我不斷地感受到千芳被內外夾擊的苦楚。我終於忍不住對千芳說：「你這一路以來，真的很辛苦，而且你還比別人多一層辛苦。**因為你覺得自己不好，所以你不能對自己好，也不覺得自己值得別人真心待你好。」**

聽到我說的話，千芳掩面痛哭。

「我覺得月經流血、被身體拖累的自己很丟臉。」

「我沒有想過月經來時要特別照顧自己。我一直覺得流血、虛弱、被身體拖累的自己很丟臉。每個月的這個時候，我都想按快轉鍵！」

千芳在晤談中，提到她從小到大對月經的想法。

千芳以為這是「自己的」想法，但其實這是她**吸收了照顧者曾經對待她的模樣，而內化進心裡所產生的想法，也成為她現在對待自己的身體與內在小孩的方式。**

長出對身體的覺察：對子宮說話，改變與自己相處的方式

「老師就叫我們做與器官對話的催眠。老師說依照我的狀況，建議我跟自己的子宮對話，去瞭解它一直流血，是想告訴我什麼。」

千芳在晤談中，與我分享她去上催眠課程的經驗。

「一開始，我閉著眼睛，只感到一片空白。後來我突然想到，它一直流血，就像人的手受傷、流血一樣，它應該是想說：『我好痛，停止吧！不要再逼我了！』」

當這麼想時，千芳的眼淚突然像斷線的珍珠，一顆一顆落下。

每一滴眼淚都帶著需要被理解和消化的痛楚。

千芳的情緒大腦讓她哭了，但是她還沒有走到「理解」自己的這一步。

千芳邊哭邊疑惑地說：「沒有人逼它（子宮）呀？也沒有人逼我呀！」

我對千芳說：「也許它沒有聽到別人『說』出來的要求，但已經感受到別人的期待，而且深深覺得自己有責任完成它！」

經歷一段時間之後，原本埋在潛意識裡，不被意識理解的想法，伴隨著情緒浮上來，千芳一點一點慢慢理解，並接納了那些想法和感受。

我們的大腦彷彿也是個消化器官，在消化、吸收、轉化自身的經驗，去蕪存菁後，滋養著我們整個自我。

自此以後，千芳雖然持續不孕的治療，但她的內在態度已經完全不同。每一次看診，千芳都會對自己的子宮和身體說話。她會說：

「辛苦了，我知道你很努力。我們繼續加油，讓自己更健康！」

千芳開始學著對自己溫柔。

因感受到對自己的敵意，因而改變對自己的態度

在努力備孕的過程中，千芳覺得自己也經歷了一些心境上的轉變。

一開始，她覺得自己在「生小孩」這件事上，深受母親影響。有時候是希望滿足媽媽想抱孫的需求，但更多時候，她很想跟母親作對，像是遲來的叛逆。

千芳心裡想著「我不想再聽你的話」。當她處於這個狀態時，她雖然看似做著備孕

的行為，但其實內心非常矛盾。她既想生小孩，想母親安心，又不想順著母親的意去生小孩。

當備孕的時間拉長，除了母親之外，千芳還感受到更多親近的人的期待。隨著挫敗經驗的增加，千芳的自我懷疑也加劇。

千芳常想著「我是不是不夠好，所以才沒有人要來做我的小孩？」或是「我對不起先生、公婆……我愧對他們！」處於這個階段的她，覺得身邊人說的話都很刺耳。每一句話都沒有顧及她的感受，也沒有真心替她著想。

一直到千芳感受到自己對自己的敵意，當她開始轉化對自己的態度之後，她從自己的意志與自己的身體出發，才真正覺得自己想要生孩子，準備好要做個母親。

用對話劃下界限：長出心靈的細胞膜

而當千芳開始為自己備孕，而不是為了他人的期待時，她也就能對他人的期待或攻擊劃出界限。

例如當公婆積極幫千芳夫妻打聽許多的受孕偏方時，千芳不再如同以往默不作聲，而是直接回應：

「爸媽，我們有持續努力，放心。」

然後將話題帶開。

當母親又說那種偽裝成關心的洩氣話，像是：「唉！我看你工作這麼忙，身體那麼差，要做母親，我看難喔！」千芳沒有像以往一樣，心裡裝著滿腹委屈，急著跟母親解釋，迫切需要母親的肯定，而是淡淡地點點頭。

一直到母親轉移了話題，她才開始回應。

當千芳開始對自己好，開始確定自己真正想要的事物，她的心裡也長出一層有彈性的保護膜。

千芳覺得自己**不需要急著跟別人證明自己的努力，也不需要用過度犧牲來顯示自己夠格做母親**。

冒牌獨立

只有「心理獨立」，才是真的獨立

千芳接受別人對自己真正的善意，以勇敢又自信的態度，擋下那些會傷害自己的言語及事物。

千芳以這種堅定態度，善待自己。

未來，也將以這樣的堅定去愛她的寶寶。

母職選擇篇

無子的人生

第十四章——

不做母親的我，很好

決定不生育的心理獨立

不走尋常路，既會帶來滿足感，也會帶來阻礙。
我們能夠得到，也真正需要的不外乎
——擁有足夠多的體驗，並體驗適合自身的事物。

——珍・賽佛《為什麼我們不想生》

冒牌獨立

只有「心理獨立」，才是真的獨立

阿嫻和丈夫結婚時都已近不惑之年。他們都有心理準備，深知生理年齡的限制，讓他們很難生育自己的孩子。

夫妻倆也有共識，他們都沒有很想要孩子。

阿嫻的先生是養子，親生父母早已亡故。

阿嫻的先生跟養父母並不親近。成年後，只有逢年過節才會聯繫，所以婆媳問題或被催生這一類的事情，本來也不會在阿嫻的生活中出現。

但問題就出在，當老先生和老太太年紀愈大，逐漸因病痛頻繁出入醫院，而他們的親生子女都在國外。阿嫻的先生感念老夫妻早年的養育之恩，開始每週末撥出時間，回家探望。

但每次與先生回家，都會帶給阿嫻很大的挫折。

兩個老人家總是稱她為：「唉呀！你那個不會生孩子的老婆……」

丈夫當然慎重地糾正過養父母，甚至讓阿嫻不用跟自己回家。但阿嫻還是很受傷，心裡一直過不去。

阿嫻從來沒有被人家這樣羞辱過。她的人生選擇現在變成她被人指責的殘缺，可這偏偏不是一件靠努力就可以扭轉的事情。

這樣的壓力，在阿嫻被醫生宣判進入更年期之後，整個大爆發。阿嫻開始身心失調。失眠、全身不舒服，也檢查不出生理原因，最後，阿嫻被醫生診斷為憂鬱症。

不過，在接受心理治療以前，阿嫻也做了很多心靈或靈性的療癒。阿嫻想知道自己為什麼沒有機會生小孩，為什麼自己此生是個沒有孩子的人？是過去的創傷，還是前世的因果？

她渴望得到一個答案。

從丈夫養父母的洗腦中醒了過來

進入心理治療以後，我當然無法為阿嫻解答前世今生，但透過晤談裡的適時宣洩與梳理，阿嫻逐漸提高了自我覺察。

阿嫻也從「依附式覺察」轉變為「同理式覺察」，自然地，阿嫻就從丈夫養父母的洗腦中醒了過來，怎麼說呢？

阿嫻與丈夫兩人一直堅定地過著兩人生活，是因為老太太和老先生的評價與施壓，讓夫妻倆深感挫折。

養父母們企圖把老一輩人執著於「生子養老」的信念，特別是添丁才能傳宗接代，能在老後照顧自己，自己死後，還有人為你捧骨灰、送終等想法，灌輸給阿嫻夫妻。

養父母總是在丈夫面前表現出「心疼你沒有兒子照顧你的晚年」，而把阿嫻當成是不生孩子的壞女人。

養父母想像出一個受苦的情境，將阿嫻的丈夫看成受害者，把阿嫻放在加害者位置上。

如果阿嫻順著對方的思路去思考或覺察，自己的價值觀與情緒狀態就會被影響。

選擇不坐上「加害者」或「信徒」的位置

但如果將視角調到養父母這對老夫妻身上，想一想他們會做出這些舉動的原因，就會有更多、更深的覺察。

這對老夫妻目前正處於老年的孤獨中。他們跟自己的親生子女並不親近。實際上，「養兒防老」這個道理在他們身上完全不符合。反而是沒花多少心思撫養的養子，還願意多花時間陪伴他們。

而實際上，阿嫻夫妻照他們自己的方式，也過得很好。**養父母**才是正在受苦的人，他們**感覺自己是受害者，覺得自己被過去的價值觀所背叛，所以不自覺地想找「加害者」**，或是想要找到支持自己想法的「信徒」。

當阿嫻不再只是吸收老夫妻表面上批評的話，而是同理他們的處境，她的覺察能力就提升了。

阿嫻的思考不再被他們牽著走，她也意識到自己擁有選擇，不一定要被迫坐上「加害者」或「信徒」的位置。

明娟夫婦倆打從一開始就沒想要有孩子。

他們從相知、相識起，一起開公司，打拚數十年。他們是生活與工作上長久的夥伴，可以一起養寵物、結伴旅行、合作照顧彼此的家人、共同理財與置產規劃晚年，但從

冒牌獨立

只有「心理獨立」，才是真的獨立

來沒有想要生孩子。

明娟在家排行老二。明娟的姊姊和弟弟都結婚、有孩子了，明娟與外甥和姪子女們的關係很不錯。除了生日過節時會見面、聚餐，偶爾也會幫孩子們出些學費。孩子們樂於把明娟當成開明的長輩，或是年長的朋友。有時跟自己的父母溝通不來時，還會跑到明娟家訴苦兼避難。

明娟一直保持良好的界限，不介入父母的管教，專心地做個恰如其分的姑姑與阿姨。

明娟從來不後悔沒去生小孩，但無子的身分有段時間，讓明娟深感困擾。因為**身邊的人總是把她的努力與優點，歸咎於她沒有孩子**。

例如離婚成為單親媽媽的摯友，一方面感謝明娟的經濟支援，可嘴上說的卻是：「真羡慕你，沒有孩子。就算跟老公離婚，也只要養自己就好！」

明娟和先生在與彼此的親戚或朋友交流時，都是不吝於請客，或負擔較多費用的人。這樣的慷慨之舉，有時卻得不到好的回應，甚至蒙受惡意的攻擊。

父母重病時，丈夫的哥哥、姊姊理所當然地認為這個較富裕的弟弟，應該出大部分的醫藥費。

但事後卻說丈夫夫妻倆沒有負擔照顧的責任，而且沒有後代，不應該分家產。

丈夫跟明娟的好條件，不是因為他們沒有小孩。

身為創業者，他們憑藉的是自身擁有的專業與極佳的理財概念，加上時間累積，才讓他們的經濟條件比起同齡人或自己的手足好很多。

因為無子，他們被周遭的人用刻板印象看待。

我們對沒生孩子的人的偏見

挪威的社會學家漢森曾指出，人們對不生育的群體常有三大刻板的印象，這些刻板印象都隱含邏輯謬誤。他把這些稱為「民間傳說理論」。

這些刻板印象分別為：

一、孩子讓人快樂，所以沒有孩子的人比較不快樂。

二、沒有孩子的人過著孤獨、空虛的人生，所以比父母不快樂。

冒牌獨立

只有「心理獨立」，才是真的獨立

三、沒有孩子的人優先考慮到享樂、自由、與朋友相處的時光、浪漫關係、美食、漂亮的房子和旅行，並將親職排到最後。

這些是多麼矛盾的偏見！我們希望沒有孩子的人，比身為父母的人不快樂，卻又覺得他們一定比做父母的人來得快樂！

有時候，人們多麼希望把一些不公平、羨慕，甚至嫉妒的感受，推給某個不是原因的理由，來**合理化自己的困境**，來**安慰自己的挫敗**。

長出不依附他人的自我覺察：你、我不同國，但我是自由的

剛退休的時候，明娟覺得自己跟丈夫的相處時間太長，突顯出兩人個性與愛好的差異。

明娟喜歡出門逛街或旅行，丈夫卻愛賴在家看書、弄花草。隨著兩人的衝突加劇，明娟開始有些身心症狀，因此決定進晤談室，好好整頓一下自己。

我告訴明娟，事業結束後，他們夫妻倆的衝突會變這麼大，是因為他們太靠近彼此。

過去，他們花很多時間在工作上。

另外，為了躲避他人的刻板印象，也造成他們兩個人都沒有好好經營個人空間，以及其他的人際支持。

透過心理治療，明娟發現**原來自己為了不被他人嫉妒與攻擊的言語影響，她開始在心理上形成「你、我不同國」的想法，沒想到，這個想法卻成為限制**。

本想自我保護，但同時也成了個人成長的絆腳石。

明娟因此開始逐漸改變觀念。她與其他人的互動方式，也因此隨之不同。

用暗示與明示，讓對方知道自己的想法與感受

當幾個好友們討論聚餐地點，或是去哪裡旅行時，明娟會提出自己的意見與需求。但偶爾會被朋友酸兩句，像是：「啊！你說的那種，我們吃不起！」「我們不像你，有條件要求這麼多！」之類的話，過去的明娟會默默忍耐。忍不了，就不參加。

明娟用分離的區隔方式，來阻擋他人對自己的影響。但這樣的策略，同時也讓明娟少了很多人際支持與生活樂趣。

但現在的明娟，當她被諷刺了，她會嘗試進一步對話。

有時候更會幽默一點，例如明娟會說：

■「對呀！我是豌豆公主，要單人房，才睡得好，好羨慕你們可以睡一起、聊天！」

有時候，明娟會更直接一點：

■「唉！別這麼說，你光投資股票也賺不少，哪像我還要苦哈哈自己賺！」

明娟會用暗示與明示，讓對方知道自己的想法與感受。

明娟心裡的「你、我不同國」的界限也開始改變。

明娟不再依照別人的分類來生活。她不會用婚姻狀態、有沒有孩子、經濟程度等決定跟誰互動，而是用共同興趣，以及彼此尊重的程度，來判斷一個人值不值得深交。

現在的明娟不需要刻意分隔某些人際關係。因為她有能力在關係中，保持獨立的心智，穩定自己的想法與感受。

第二部

鍛鍊心理獨立的關鍵方法：「覺察」與「發聲」

覺察篇
你如何被他人影響？

第十五章

你透過誰的眼睛，看世界？

獨立的開始，是「知道哪些不是我」

我們常以「觀點一致」來證明愛，
因此父母灌輸信念，孩子尋求認同，伴侶渴望共識。
然而，愛，真只能如此嗎？
若需犧牲自我，換取認同，這還是愛嗎？
「有你沒我，有我沒你」只是獨角戲，而非真正的相互之愛。

練習不再把重要他人或權威者，掛在嘴邊

我們當下的每一個觀點與選擇，都受自己所處的關係脈絡，以及先前經驗所影響。要將自己的覺察，從依附式覺察轉變為同理式覺察，需要提升區分人我差異的心理能力，要能意識到「你正在透過誰的眼睛，看世界」。

生活中的權威者和重要他人，最容易影響我們的觀點。影響力來自我們對關係的重視，奠基於關係裡雙方的互信、互重。但有時候，我們的內在議題會讓這份影響力過分擴張，以至於讓自己在關係裡，失去保持自我觀點的能力。

就像在婚姻裡受到言語與情緒暴力的美寶，她雖然非常想要離婚，但卻卡在得不到父母的支持，遲遲未能做出決定。

父母對婚姻的觀點深深影響著她。當父母認為美寶的婚姻問題，出在她自己身上時，美寶開始順著父母的觀點，進行自我反思。美寶毫不意外地，進入自我批評的循環。

讓美寶從依附式覺察，轉為同理式覺察的關鍵，是在晤談室裡一次次累積的自我觀

察。

晤談裡的反思不同於平常。在對談中，我會**協助美寶跳脫原本的思考框架，嘗試從不同的角度看待事物**，練習不再一直把那些重要他人或權威者掛在嘴邊。

當美寶能在與父母的關係裡，保持較好的心理獨立，具體表現在她能看見父母的狀態，理解他們會提出這些觀點的原因。

覺察到自己與父母是不同的個體，可以有完全不同的想法和選擇；當美寶能接受自己的觀點，並不需要獲得雙親的全然地肯定與認同，她就能在與父母持相反意見時，消化雙親對自己的批評與干預，美寶也就能獨立地做出適合自己的決定了。

在愛裡，常出現「要求順從」與「被要求順從」

連買雙可愛的鞋子都會被母親批評的小穎，她的媽媽總是叨念著：「你的薪水才多少，為什麼要亂花錢？」

雖然小穎對此忿忿不平，但**在無數次的母女衝突中，她還是吸收了母親的價值觀**。

小穎很少替自己買東西。她總是維持千篇一律最省錢的髮型、幾套衣服輪流穿很多年。小穎沒想過要談戀愛，在工作上很努力，卻沒有自信。

小穎的心裡一直有個信念：「我不能追求那些媽媽不允許的東西，因為她會不高興；我不能擁有成功和幸福，因為這樣很自私。」

我們常覺得「擁有相同觀點」是一種代表愛的行動，所以父母對孩子灌輸自己的信念，孩子努力求取父母的認同，情人間希望彼此可以觀念一致。

我們認為這樣的愛可以帶來肯定、認同和安全感，所以在愛的關係裡，就常常出現「要求順從」與「被要求順從」。

但實際上，愛，只有一種方式嗎？在親子之愛、伴侶之愛、夥伴之愛裡，我們希望對方以失去自我作為代價，來認同自己，才叫做愛嗎？

有你，沒我，有我，沒你，這是關係裡的獨角戲，不是相互之愛。

在開始療癒自己之前，小穎對自己的狀態並非一無所覺。

她覺察到自己用金錢衡量事物的價值，犧牲了很多無形卻重要的東西，像是女性特質與個人風格。

小穎知道這是母親帶給自己的影響，但她此時的覺察，仍是**依附式覺察**，雖然比日常觀察更為深入，但卻無法帶來改變。

覺察母親被什麼經驗所影響

當小穎的療癒工作進行一段時間後，她自己能慢慢展現出另一種覺察。小穎不只能覺察母親對自己的影響，她還能更深一層地覺察到母親被什麼經驗影響。

小穎知道自己買的新鞋，勾起了母親的焦慮。不只是對金錢的焦慮，還有看見女兒展現女性特質的焦慮。

因為小穎是母親被迫奉子成婚的意外結晶。當母親把自己的婚姻看成錯誤，她就非常擔憂小穎也會犯錯。

同理式覺察之所以比依附式覺察，更有助於心理獨立，不只是「同理」的功勞，而是「人我分界」和「轉換視角」，帶來的心靈改變。

過去的小穎很害怕自己會變得跟母親一樣，因此打從心裡抗拒理解母親。但**拒絕理**

解母親，反而讓小穎無法消化母親傳遞給自己的信息，也更容易將母親的觀念照單全收，**將小穎推向與母親不分你、我的心理融合狀態**。

我們害怕深入理解他人的內在經驗，擔心因此失去自我，但正因為抗拒理解，讓我們難以轉換思考角度，進而認清人我分界。

當小穎能站在母親的角度，思考母親的想法是如何受到自己的經驗所影響，那麼，當她回到自己的角度時，是不是也會對自己的想法和感受，有更完整的體認呢？

母親的愛，不是「詛咒」，而是蹩腳的「祝福」

在晤談室裡，我們談原生家庭的經驗，目的不是將痛苦的回憶翻出來而已，而是為了促進轉換視角的可能，將覺察從依附式提升到同理式。

在晤談室裡，小穎將母親與自己做女兒的經驗連結起來。母親當初不得不選擇奉子成婚，是因為她的媽媽，也就是小穎的外婆，在事發當時無法保護，也不懂得支持自己的女兒。

但小穎母親從小就將女兒的安全放在心上，只是在缺乏自我療癒的狀況下，用錯了方法。

小穎意識到母親不希望她獲得幸福與成功的「禁令」，其實是母親不夠健康的「保護」，這帶給她內心很大的改變。

母親的愛，對小穎而言不再是一種「詛咒」，而是一種蹩腳、變相的「祝福」。

「我是被媽媽祝福的～」帶給小穎新的生命，也讓小穎有勇氣去擁有自己的幸福。

「人我分界」與「轉換視角」的能力，讓人從過去的經驗走出來

在晤談室裡的一句話，或是一瞬間的領悟，為什麼會有開啟改變的神奇效果？

與其將「領悟」看作開始，不如說「領悟」是心理能力提升的結果。當「轉換視角」與「人我分界」的能力增強之後，認知與行為上的改變，就隨之而來了。

儘管小穎在私人生活裡過得封閉又壓抑，但她在職場上，可是付出百分之百的努力，所以她經常得到來自上司、同事，以及客戶的正向肯定。但過去仰賴依附式覺察的小穎，自我概念仍深受母親影響，自然無法將這些好回饋，納為己用。

因為小穎逐漸培養出轉換視角與人我分界的能力，所以當主管對小穎說：「你把自己該做的事情做得很好，本來就應該被看見。我們是同一個團隊，最後績效獎金一起分。你好，每一個人都會受惠。」

小穎有了新的領悟，她真心地**相信「我的好，對得起所有人」**，也不再一味地認為別人都是在講客套話，敷衍自己。

●●●

疏離逃避或是盲目順從，都不能幫你跳脫依附式覺察。

小穎能從內心開始養出一種足以對抗詛咒的新的覺察，是因為她開始能轉換視角，以同理的角度去理解母親的故事，所以她更能區分自己與母親間的差異，讓自己在母女關係裡，找到自己的定位，心理得到真正的獨立。

覺察篇

專注於自我

第十六章

前景與背景的練習

把「自己」往前拉

總是將他人的需求放在「前景」，把自己置於「背景」。
關係看似和諧，卻迷失了自我。
當學會調整焦點，讓自我成為「前景」，
便能停止追求他人肯定，轉而專注於「瞭解自我」與「表達自我」。

心智的「前景」和「背景」

拍照的時候，我們可以依照需要選擇模式。如果這張照片的重點是人物，我們就把人物放在前景，讓他變得更清晰，同時讓其他物件變得模糊，成為背景。

我們的心智也像照相機一樣，透過調動我們的認知功能，可以產生類似前景和背景的功能。

大家應該都有陷入緊急狀態的經驗。例如你突然發現下節課居然要考試，而上課鐘聲已經響起。你拿起書本快速翻頁，你的眼裡只有頁面上的文字，而腦中只想著「老師等一下會考什麼？」

你不會聽到隔壁同學用手指敲桌面的聲音，不會聞到同學從操場運動帶回來的汗臭味，不會看到前兩排的同學正在偷傳紙條，這些你上課無聊時會注意到的聲音、氣味與畫面，在「馬上要考試」的情況下，被你的大腦退到「背景」。

大腦選擇將處理危機相關的訊息、書本的文字和考試相關的思考，放到心智的「前景」。

冒牌獨立

只有「心理獨立」，才是真的獨立

過去的經驗教我們的大腦如何判斷危機。過於在意他人眼光的人，是因為他們的大腦認為將「他人的眼光」放在心智的前景，有助於解決眼前的危機。

像是什麼危機呢？**經驗可能讓你覺得「不被他人所愛」，或是「對他人沒有價值」這一類的情況是大危機**，所以大腦就幫你選了前景，**讓你陷入了不斷討好他人的漩渦**。

反過來說，當我們可以調整信念，改變我們對「危機」的定義，就可以讓大腦不再把某些訊息放大解讀，而是能有彈性地按照當下情況與個人意願做調整。

將自我放到「前景」，破解母親出的「兩難議題」

千芳很聽媽媽的話。

當好學生的時候，就不交男朋友；在別人家的女兒都開始有伴時，千芳繼續順著媽媽的意，去找個男朋友。媽媽不想千芳太早懷孕，說：「你可千萬別把肚子搞大，好像你急著嫁人、替人生孩子！」

千芳就想著先過好兩人生活，但母親收到親戚給的滿月蛋糕後，又急著對千芳說：

「你也老大不小了，趕快生小孩。不然到時候生不出來，後悔的人是你自己！」然後千芳就開始她艱辛的備孕之路。

母親需要千芳乖巧、聽話，她才能免於焦慮。母親也需要千芳有能力處處贏過別人，她才不會覺得為人母的自己很差勁。

母親不假思索地將自己的內在需求，放進母女關係裡，很自然地認為女兒應該要完成自己的期待。

身為女兒的千芳，陷入「兩難處境」：當她順從、乖巧時，她可能不夠能幹、獨立。當她既能幹又獨立時，她就不夠乖巧、順從。

母親心裡的天秤左搖右擺。不管倒向哪一邊，結論都是千芳不夠完美，所以母親才會總是替她擔心。

為了維持母親心裡的內在穩定，犧牲的都是千芳的自我需求與個人發展。

在備孕的過程中，如果千芳一直將母親的需要放在「前景」，她的狀態就會擺盪在兩種態度間。

有時候，她希望能滿足母親想抱孫的需求，但更多時候，她很想跟母親作對，想將「我不要再聽你的話」，付諸行動。

這樣的矛盾心情，讓千芳在努力成為母親的路上，變得跟自己的媽媽一樣搖擺不定。

當開始為自己備孕，她可以對他人的期待或攻擊，劃出界限

如果我們將照顧者的需要放在前景，我們自身的「依賴」與「獨立」，就會持續受照顧者的需求所牽動。

如果我們所做的改變，不是出於自己的選擇，那就會只是偽裝的成長。不是發自內心的依賴，我們會埋怨他人壓抑我們獨立的羽翼。不是出自本意的獨立，我們會抱怨無人做自己可依賴的肩膀。

只有符合需求的依賴和真心渴望的獨立，才是真正的心靈成長。

一直到千芳能將母親或他人的需要，擺到「背景」，把自己的意志與身體感受當作

「前景」，真正感受到自己想要生孩子的願望，才能幫助自己的身體，準備好要做個母親。

當她開始為自己備孕時，她很自然地可以對他人的期待或攻擊，劃出界限。

把自己擺到「前景」，才能幫自己「長大」

可欣的父母認為自己的人生很失敗。他們不覺得自己的經驗是能傳承給孩子的好東西，同時，他們也看不見自己孩子身上，值得被肯定的優點。

可欣從父母的眼裡，看不見自己的價值。就像一張白紙，可欣一直等待別人幫自己畫下第一筆。

她在職場上，尋找能發現自己優點的伯樂；在生活中，尋找不斷給自己意見的朋友；在感情裡，尋找能持續督促自己的伴侶。

為了在關係裡，得到愛與認同，可欣把自己大部分的心力用在探索，並滿足對方的需求。她努力朝著權威者、照顧者、朋友和情人期待的方向進步，想成為對方心中最重要的人。

可欣把對方的需要與期待，放在自己心裡的「前景」，將自我與個人需求放在「背景」，這讓她跟家人、主管、朋友及情人間，看起來相處和諧，沒有衝突。

但若可欣總是用這樣的方式，經營自己的人際關係，長久下來，她就會困在這些關係裡。

隨著時間累積，她既沒有「往內探索自我」，也沒有「往外實踐自我」。

可欣將自我價值建立在對方的情緒與想法上，讓自己變得患得患失，缺乏客觀的判斷力。

關係裡的另一方，很可能會覺得可欣過於依賴，看不見她其他部分的成長。

不再需要過度「理想化」權威者

當可欣慢慢試著將心裡面的重要他人放到背景，她開始看見每一個人的美好與殘缺，包括可欣自己。

當她對人的觀點逐漸變得更多元、更有彈性之後，她就不再需要過度「理想化」權威者，不再需要花過多心思，獲得重要他人的肯定與支持。

可欣**可以將心力用在自己的前景，那就是「瞭解自我」與「表達自我」**。

主管在可欣心裡，不再被擺到「伯樂」的位置之後，可欣會把主管當成一個完整的人來看待。

被主管責備時，她不會過於執著在主管對自己的誤解與評價，然後一味自責，讓自己的情緒低落，無助於解決問題。

理解對方的情緒，不完全是自己的責任

現在的可欣，在看待同樣事件時，能轉換視角。思考事情的本質與對方的情緒是否相符。

她會搜尋腦海中的記憶，試著理解主管為何有這麼大的情緒波動。對方可能被更高階的主管施壓，所以情緒高漲，難以自控，也可能是為了正在住院的家人擔憂，所以顯得比平常煩躁。

當理解對方的情緒，不完全是自己的責任，可欣就能專注於解決眼前的工作任務。

冒牌獨立

只有「心理獨立」，才是真的獨立

可欣將「瞭解自己」跟「表達自己」放在前景，把心理能量從被外界拉回，轉而放在自己身上，允許自己專心觀察現況，思考任務受阻的原因，甚至根據主管的特性，苦思出一個恰當的回應方式。

她不再只會說：「我做錯什麼？」

而是對主管說：

■「你說的，我知道了！還有什麼我可以做的嗎？」

這些內在改變帶動的外在變化，讓可欣從職場菜鳥長大為職場老手。未來，她也會繼續成長，蛻變成不需要伯樂的專業達人。

把自己擺到「前景」，才能實踐「共好」

容易被朋友們影響的子怡，總是把朋友的感受與想法放在「前景」，把自己的需求放在「背景」，所以她勉強自己在證照考試前夕，身心俱疲的狀態下，承擔自己不擅長的社交任務，跟大家一起為好朋友準備慶生會。

子怡將朋友們看成嚴苛的主考官，或是強勁的假想敵。在朋友關係裡，她無法照顧自己的需要，也無法自在地做自己。

子怡從照顧者那裡習得的關係狀態是「你好，我不好」。她習慣抱著「你開心就好，我都沒有關係」的態度和朋友相處。

當她犧牲個人的需求，弄得自己既焦慮又疲倦，結果看到壽星在社群上發表暗示自己心情不佳的動態。子怡覺得自己彷彿是被主考官刷下來的考生，需要不斷反省，自我檢討。

儘管從客觀來看，她也很清楚壽星不愉快的原因不是自己，但子怡還是很難劃清彼此的情緒責任。

開始療癒自己的子怡，將「我好」的狀態拉到前景。鍛鍊自己的心理能力，調整自己在每一段關係裡「你好，我不好」的狀態。練習區分彼此的情緒界限。透過勇於溝通，來求得雙方「共好」。

經過人際互動中多次的互動與反思，子怡開始逐漸改變。

子怡在與人相處時，將「公平」原則落實。當對方說明他想要跟不想要的部分時，子怡也會表達自己的期待與侷限。

當兩方的利益有所衝突時，子怡**不會立刻退縮，然後按下「放棄」鍵。她學會多堅持一下，尋找並創造「我好，你也好」**的機會。

把他人退到「背景」，減少情緒感染，避免淪為炮灰

看著同事們在社交軟體的群組裡抱怨，智緯很容易受團體氛圍感染，把同事們的負面想法與感受放在「前景」。

智緯跟著大家的想法走，認為上司的管理有問題，覺得公司的制度有弊病。當負能量累積到一定程度，「如果沒人去講，我就去講」這個念頭就會出現在智緯心裡。

在爆發的那一刻，智緯早已忘記該講與不該講的界限。從嘴裡倒出同事們心中的不滿，不但破壞了主管和自己的關係，智緯還一再成為職場上的炮灰角色。

從小擔心家庭崩毀的智緯，花了很多心力去維護岌岌可危的原生家庭。

智緯學到的愛是「愛你所愛，恨你所恨，想你所想」，就好比他愛母親的方式，就

是跟母親抱持一樣的感覺和想法，為母親設想，幫母親出氣。

智緯的習慣延續到職場上。他很容易和同事中最大的「受害者」共鳴。A同事是組裡績效最差的成員，他常怪罪主管和制度，卻很少反思自身的不足，也總是口頭抱怨，很少有具體作為。

智緯被A同事的負向狀態所感染，因此替A同事打抱不平，但卻忽略了客觀事實，也破壞自身與上司的關係。

正視人際關係裡的「多重角度」

當智緯把同事們的聲音放到「背景」，把自己真正的狀態拉到「前景」。靜下來，回頭反觀自己的經驗。

智緯總是能在時限內，完成個人負責的部分，他不需要直屬主管催促或修改。老闆也曾針對他的報告成果給予肯定。同事們所抱怨的管理問題和制度弊病，並沒有發生在自己身上。

這份職場人際關係裡的新覺察，打碎也打開了智緯的世界觀。

智緯開始正視人際關係裡的「多重角度」，清楚覺察人際關係間的差異。在職場上，智緯自己跟A同事的處境完全不同，自己與組長和老闆的關係，也跟其他同事不同。

回頭看原生家庭裡的關係，新覺察讓他清楚知道母親對自己和哥哥的差異，也讓他理解哥哥跟自己可以對雙親分離有不同的看法與感受，這些都成了智緯內心世界的深度。

過去的智緯**抗拒面對分離，所以也不喜歡界限。他總想著跟所愛之人，有共同的想法和感覺**。

後來的智緯不再用負面的角度，看待關係裡的距離。相愛可以有距離。**適當的距離，才能在相愛中，保持自我**。

現在的智緯與同事及家人相處時，都抱持著「我會試著理解你，但我站在我自己這一邊」這樣的態度，讓他可以和他們親近，但不容易被他們的情緒與觀點牽著走。

把他人紛擾的情緒與想法，退到背景。用省下來的心力，專注於自己的生活、興趣、關係與工作。

讓智緯不禁感嘆，從炮灰變成人間清醒的感覺，真好！

發聲篇

為了「不變」而說

第十七章

堅持自我的練習（上）

說出自己的想法，不是為了改變他人

出於心理獨立的自我發聲，不需要「贏」過對方。
我說出自己的想法，不是為了說服你，或是改變你。
我相信，並堅持我自己，不需要與你對抗或戰鬥。

用對抗的方式發聲，反而加深自己被對方所影響

很多時候，我們會用對抗式的發聲來應付關係中的另一方，以保護自己不受對方的影響。

但實際上，這反而會加深自己被對方影響的程度。因為在我們花心思對抗的時候，我們的想法在對方的思考架構裡衝撞，我們的情緒與對方的情緒共舞。

如果我們把心力從與對方對抗的狀態中抽離，放回來關注自己的內在狀態，先接納並調節自己情緒狀態，接著仔細釐清自己的信念與觀點。

當你照顧好自己的內在狀態，並告訴自己：「**我說出自己的想法，不是為了說服你，或是改變你。我相信，並堅持我自己，不需要與你對抗，或是說服你。**」

這些心理準備就像蹲馬步。當你把自己的心靈核心肌群練得很扎實，當再次進行對話，你會發現自己不會輕易被對方的意見，甚至攻擊所動搖。

你有穩固的身心基礎，有更大的能量，去堅持自己的心理獨立。

以牙還牙，只會讓關係跌到谷底

以之前章節出現過的小威為例。在小威選擇做個沉默的兒子，避開跟母親衝突，維持母子間表面的和諧之前，其實小威也嘗試過「發聲」，與母親溝通。只是，當時他的發聲，是為了與母親「對抗」。

每次，當母親潑小威冷水、對小威的失敗發表長篇大論、對小威的決定指手畫腳時，小威忍了又忍。

忍不了的時候，小威就會大爆發。小威會憤怒地為自己發聲，但這些出於攻擊與反抗的發聲，目的只是以牙還牙，最後演變成讓關係跌到谷底的惡性循環。

小威到新工作時，**媽媽唱衰小威**：「你怎麼這麼笨！每次都找那種離家遠、工時又長的工作，怎麼不學學你表哥……」小威一開始不想理會母親，但持續被攻擊了好幾次，**最後他氣得回嘴**：「如果我們家跟阿姨家一樣有遺產，等我繼承，那我也想找個離家近的打工，做做就好！」

最後，小威母親認為兒子看不起自己，氣急敗壞地大吼大叫。兩人冷戰一兩天後，只能裝作沒事發生，這場鬧劇才得已收場。

只要遇到與母親類似的權威者，他也抱持防備與敵意

小威為自己發聲了，他表達的是自己的想法沒錯，但不是他全部的想法，而是對應於母親攻擊話語內容的部分想法。

小威沒有說出自己真正的想法，因為在「對抗心態」下，小威覺得自己真正的想法，對母親來說一點都不重要。母親的發言只是想改變小威，不是準備瞭解自己的兒子。

因此，小威跟母親說話時，總是帶著防備與敵意。

小威先是盡量忽略母親，但若是忍無可忍時，他說出來的話就是與母親「進行論戰」。最後終被母親以血緣關係，進行情緒勒索，小威只能不甘願地吞下自己的聲音。

經過無數次的循環，小威認為「與母親溝通，是無效的」。最後的影響甚至擴及他在其他領域的人際關係。只要遇到與母親類似的權威者，小就會用同樣的信念和態度與之互動。

冒牌獨立

只有「心理獨立」，才是真的獨立

關係內／外的自我

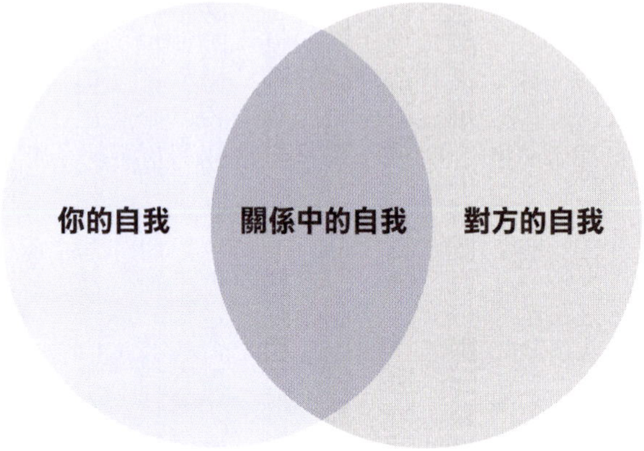

透過「對話」，發展與維持「關係外的自我」

如上圖所示，任何一段關係就像兩個交集的圓，有「共有的部分」，以及「各自獨立」的部分。

關係的種類以及兩人的個別特質，都影響著共有與獨立的範圍。「你的自我、我的自我、我們的自我」這三部分在互動中，不斷形塑出來。

心理獨立的人能夠在關係中，與對方一起磨合「共有的自我」，也能夠劃出「個人自我」的界限。

促進心理獨立的「發聲」是對話式發聲。在關係裡，「對話式發聲」是為了促進理解與溝通。在關係外，「對話式發聲」是為了堅守個人自我的界限。

職涯發展，是親子關係外的個人自由

在小威與媽媽的親子關係裡，成年兒子的工作選擇似乎被母親視為關係中共有的部分。但對小威來說，他認為且希望自己的職涯發展，是親子關係外的個人自由。實際上，小威的媽媽確實不會因為小威的工作，受到任何具體、不利的影響，所以針對工作選擇，小威跟母親不需要透過發聲去磨合，而是可以透過發聲，堅守個人立場與界限。

當媽媽再次對小威找到的新工作表示不滿，因而對小威說：「每次都找那種離家遠、工時又長的工作，看看你表哥多聰明，找的工作都是錢多、離家近的……」當小威的心理獨立能力逐漸成熟，在面對母親或其他人的質疑時，他在當下或更早之前就梳理過自己的想法。

他的心裡一直堅守著自己的職涯藍圖，他清楚知道自己為什麼選擇這份工作，所以

他不用以「對抗」的態度，去回應母親的埋怨。

小威的發聲很自由。他的發聲不需要「贏」。因為不管說與不說，他都會堅守著關係交集外的自我。

有智慧地不陷入「比較」的圈套

一開始，小威會誠懇地跟母親說明自己的選擇，像是：「我想往ＸＸ方向發展，這份工作是很好的起頭，會學到很多東西！」

當媽媽拿表哥跟自己比較，持續強調公司名氣跟薪資水平時，小威有智慧地不陷入「比較」的圈套。小威淡定回應：

■「表哥真的是少年有成！不過，我進公司這段時間，有跟前輩學到東西，也開始拿到分紅。我覺得滿不錯的！」

「對抗式發聲」往往演變成毫無建設性的吵架

你看出差異了嗎？「對抗式發聲」追求在話語中，贏過對方。目標是改變對方的想法，讓對方認同自己。但若對方也想堅持他自己的看法，對抗式的發聲就會演變成毫無建設性的吵架！

對話式發聲不需要「贏」。我說出自己的想法，不是為了說服你，或是改變你。我相信，並堅持我自己，不需要與你對抗或戰鬥。

●●●

小威的發言可能不會讓母親滿意，母親可能還會繼續堅持己見，絮絮叨叨地不斷嘗試洗腦兒子。

但小威**不再像過去那樣介意。他回應母親的話，是他真心想讓母親知道的想法**。如果母親不想聽，或不接納，那也沒有關係。

因為工作對小威來說，是親子關係之外，獨屬於個人的自我。

小威對自己的前途有想法就好！

發聲篇

為了「不變」而說

第十八章

堅持自我的練習（下）

出於自知與自我接納的發聲

因為他人不瞭解你，你總是為了辯解而發聲嗎？

心理獨立的發聲，是因為你很知道自己是什麼，以及要什麼，而且你欣然接受你是你自己的樣子。

不是能力太差，是因為缺乏心理獨立

在經歷離婚以前，美寶是個缺乏自我認識，所以很依賴他人想法的人。

當美寶需要做生活中的各種決定時，她會問很多人意見，不管這項決定跟對方有沒有關係。所以美寶在關係中的「發聲」，常常變成是邀請對方，對「關係外的個人自我」發表意見。

而「關係中交集自我」的部分，她不但很容易受關係另一方的影響，甚至還過度在意關係外無關人士的想法。

美寶以為是自己能力太差，其實是她遲遲沒有增進自己的心理獨立，難以區分，並守住界限，讓他人可以隨意越界，因此把自己的生活弄得一團糟。

改掉「以別人作開頭」的對話方式

在晤談室裡，美寶每說完一段話後，總是會被我問這麼一句：「他／她是那樣想的，那『你』的想法呢？」

一開始，美寶覺得很疑惑。美寶覺得「我不是已經說了我的想法了嗎？」

後來，美寶才發現，原來她的想法不純粹是自己想出來的。她的想法摻雜了雙親、手足、伴侶、朋友們的想法。

後來美寶改掉「以別人作開頭」的對話方式。現在的她，會給自己時間沉澱一下，找出自己真正的想法。

離婚後，重新找到自己的聲音

離婚不只是一個決定，也是一個心理蛻變的歷程。

美寶先花了一段時間，準備結束婚姻。離婚後，她用了更長的時間，重新找到自己的聲音。

美寶的父母不認同她的決定，而美寶以為能理解自己的好友，也在她決定離婚時，一改之前支持的態度。

一時之間，美寶找不到任何可以傾訴的對象。恢復單身的日子，好像只有她為自己開心。

於是，我問美寶：「做一個讓自己開心的決定，不好嗎？」

以前的美寶，總是想著符合別人的期待，顧不上自己的心情。但現在的美寶能夠專心在自己身上。

爸媽從感到丟臉和不諒解，轉變了想法

美寶**肯定自己做的決定**，而且只要用心經營，開心還可以帶來更多開心。放開不適合的婚姻之後，美寶沒有放棄尋找讓自己快樂、幸福的其他可能，她接受公司外派，離開家鄉，去外地擔任管理職。

走出舒適圈，迎接新挑戰，美寶認識了自己過去從未接觸過的人事物。她選擇自己適合的生活方式，和讓自己自在、愉快的人相處。

當朋友再次對美寶說：「有些事，撐過去就好。你看，你都這個年紀了，還一個人在外地工作，沒人照應，多孤單！」

美寶回應朋友：

■「其他人的婚姻，我不瞭解，也不敢說。但如果我現在還跟前夫在一起，那

我不但沒機會晉升到現在的職位，而且還會一個人在婚姻裡孤單。」

美寶的爸媽也從感到丟臉和不諒解，慢慢轉變了想法。

而當婚姻不再是美寶的重心，從美寶父母的角度看，自己的女兒不靠婚姻，也能過得不錯，那麼，哪來的丟臉呢？

為了保護自己，人際圈不斷限縮

每個人都有機會因為自己人生的選擇而感到孤單。當你的選擇跟自己熟悉人際圈裡的大部分人不相同時，就可能面臨一段寂寞的時光。

明娟和丈夫共同決定不生小孩，他們能承擔自己的選擇，卻難免被他人的刻板印象所干擾。

兩個人開始不自覺地自我保護，讓他們逐漸減少與家人、朋友和同事的相處。

兩個人的人際圈不斷限縮，這成了個人成長與伴侶關係的絆腳石。

人際互動時，**每個人的自我都可能會面對競爭帶來的焦慮**。當我們受苦於自己的現況時，就會想像對方擁有與自己不同的條件和處境，一定是比我幸福的一方。為了減少比較帶來的負面情緒，有時候我們會刻意用「你我不同國」的劃分法，將個人難以消化的挫折用其他因素做解釋，來讓自己好過一些。

例如「要不是我家底沒他厚，憑我的成績，也可以跟他一樣出國留學，現在就能輕易到外商公司上班了！」就是用貧窮與富裕，來幫助自己消化事業上的不如意。

朋友們將挫折的矛頭，轉到自己身上

當明娟的好友們對自己的人生選擇產生懷疑，或正處於受苦階段。她們看見明娟事業成功、保養得宜，甚至婚姻狀態也不錯時，很可能會將自己挫折的矛頭，轉到明娟身上——她們**突顯明娟「不生子」的狀態，再用這個狀態，解釋明娟身上令她們備感挫折的好條件**。

當明娟跟好友們討論聚餐或旅行安排時，處於低潮的朋友，可能會對她說一些酸言酸語，例如「我們都是有家累的人，你常去的餐廳／旅館，我們可不常去！」「我們不像你，有條件要求這麼多！」之類的話時，過去的明娟，不知道該怎麼「接話」。

因為明娟很希望跟大家同一國，不想突顯出自己的不同。

明娟既不願承認對方的定義，也不願用自己的想法傷害對方，所以她無法為自己發聲。最後，明娟**只好用疏離來處理這些不知該如何是好的困境**。

明娟開始與我晤談以後，透過心理療癒，她逐漸增加在關係中保持獨立心智的能力。

明娟不再依照別人的分類來生活。她不會用婚姻狀態、有沒有孩子、經濟程度等決定跟誰互動，而是用共同興趣，以及彼此尊重的程度，判斷一個人值不值得深交。

同時，她也發現心理相對健康的人，比較適合當長期的親密好友。

他們雖然也會因為遭遇挫折而情緒低落，但不會為了讓自己心裡好過一點，就常常拿朋友的人生選擇來開玩笑，也不會持續創造朋友間的對立。

禮貌、幽默、直接為自己「發聲」，但不引起衝突

現在明娟走得近的朋友都是能夠舒服相處的人。在與朋友的對話中，偶爾被諷刺了，明娟心理也不會過於猶豫或掙扎，她會禮貌、幽默，但直接為自己「發聲」。例如：

■「我們夫妻兩人跟你們一家人玩的方向，確實會不太一樣。那麼這次聚會大家比較想玩什麼路線呢？是要帶家眷，還是閨密之旅？」

點明自己跟朋友不同的家庭狀態，開放地討論，讓互動變得更正向。

而如果面對比開玩笑更越界的攻擊，明娟也會回應得更直接一點：

■「唉！別這麼說，我對吃跟住要求多，是因為我身體差。要是說到經濟條件，你們一個個在公司的職位也不低，光投資理財也賺不少，別在那裡謙虛呀！」

冒牌獨立

只有「心理獨立」，才是真的獨立

因為有了更深的自我瞭解跟自我接納，明娟**不再像過去一樣，迫切需要對方的認同，所以能更自在地「發聲」，讓對方知道自己的想法與感受，**卻又不至於真的要和對方起衝突。

發聲篇

為了「改變」而說

第十九章——

找出新解法的溝通練習（上）

為了找到跟你相處更好的方法

當你活在當下，真實地再給關係一次機會，
你將發現眼前有許多新選擇。
即時溝通，才能改變你的人生劇本！

溝通無效論：只想改變對方的溝通，當然無效

身為心理師的我，常聽到個案們在溝通上所遭遇的各式各樣的挫折，等他們歷盡千辛萬苦，到了晤談室，傷痕累累的他們，總是會說：「溝通有什麼用？他又不會變，什麼都不會改變。我只是在浪費力氣，而且受傷、難過的都是我！」

從心理健康上的角度來說，**溝通不是為了讓對方改變，溝通是為了讓你改變**。為什麼這麼說呢？因為溝通困難最終會擴散到你其他的人際關係圈裡。你從原生家庭裡習得的溝通模式，會延伸到職場或其他的人際關係中。舉例來說，在關係開始有小矛盾時，你的習慣模式是認為「溝通無效」，所以延遲做出反應，甚至選擇完全不反應。你覺得當你這麼對待互動的另一方，會產生什麼樣的連鎖效應呢？

請不要自責，這不能全怪你，因為你經歷過很多次失望的經驗。說了，對方還是要這樣看待你；說了，對方還是堅持要你去做你不想做的事情；說了，對方還是寸步不讓，不願意為你改變。

大腦為了保護你不再受傷，而讓你不溝通

你的大腦從過去的挫折互動經驗整理出來，最能在關係中讓你保護自我的解決之道，就是不要浪費力氣去和對方溝通，以免自己受傷和失望。

但是，如果不以新的方式繼續溝通，大腦的最佳溝通模式不會改變，你的人生劇本也會不斷複製。

當你選擇在互動時延遲反應，或是不反應，你將活在自己基於過去經驗預期的想像中，無法得到對方真實的回應。你會繼續用過去的經驗來解讀當下的事件。

透過這樣的方式，你讓自己的人生劇本再一次重演，所以請你為了改變自己，開啟新的溝通方式吧！

當你活在當下，真實地給關係再一次機會，你會發現過去的經驗不見得永遠重複。溝通可能會讓你發現某些路不通，但也會讓你發現眼前有很多新選擇。

即時溝通才能讓你的舊人生劇本有機會改變！

對話式發聲是能完成心理獨立的新溝通方式。

當你和對方意見不同時，持續嘗試對話，透過對話，劃出自我界限，並表達相互調

關係內／外的自我

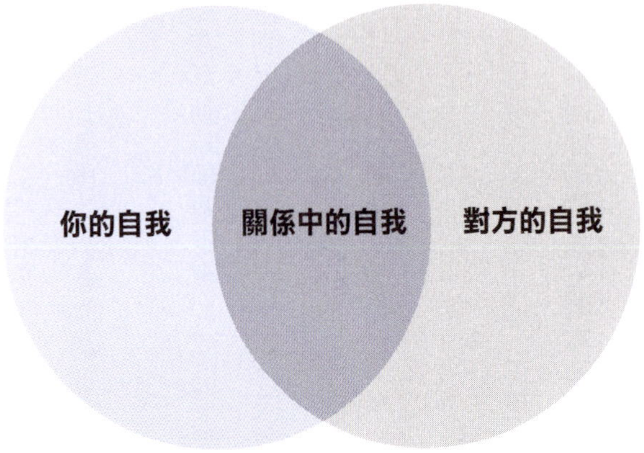

整的意願，共同建構出新的互動結果，這就是在關係中能相互溝通，並保持獨立的發聲。

透過「對話」，讓「關係內的自我」有你，也有我

任何一段關係就像兩個交集的圓，有「共有的部分」以及「各自獨立」的部分，如上圖所示。

上一章，我們談的是如何透過「對話式發聲」，劃出關係界限，讓對方尊重你的個人自我，不要讓兩人的關係過分滲透，甚至淹沒獨屬於你的那一部分，讓你可以自在地建立關係，仍保有心靈獨立與自由。

如何透過對話式發聲，讓關係中兩個人「共有的自我」更加健康？是本章的重點。**關係裡共有的部分**，強調的不是維護界限的堅持，更需要的，是**促成兩人合作的彈性與包容**。

若能以對話式發聲來互動，更能達到促進理解與溝通的目的，讓當下的兩人關係裡有你，有我，而非一人唱獨角戲。

因為內疚與補償心態，讓她與女兒互動時太遷就

以玉珍與小翠的母女互動為例。過去玉珍很心疼女兒小翠遭遇婚姻挫折，還變成單親媽媽，得獨自一人帶孩子。

玉珍的內心深處認為自己身為母親也有責任。內疚與補償心態讓她在與小翠互動時，太過小心翼翼和遷就；而女兒小翠從小就覺得母親不理解自己，總是指出自己的缺點，很少肯定自己的優點。她希望母親能接納自己，所以對玉珍表達出與自己不同意見，或是無法答應自己的要求時，小翠感到很難接受。

母女兩人在親子關係裡的自我，都受到自己過去經驗的影響，變得過於僵化。互動時，總是用彼此自我的稜角相互傷害。

如果雙方能夠聚焦在當下，以對話式發聲來溝通，也許無法改變過去已經發生過的負面經驗，卻可能創造出母女兩人新的正向互動經驗。

受過去的負面互動經驗影響，採取「對抗式發聲」

單親的小翠最需要玉珍的時刻，大概是兒子臨時生病，不能去學校，但自己在工作又走不開的狀況了。

某次，當小翠再度臨時接到學校電話，告知小孩發燒，需要家長接回家，但自己正在客戶的公司處理棘手的問題。小翠分身乏術，急需自己母親幫忙接孩子時，但很不巧，玉珍正參加鄰里的一日旅遊，得晚上才能回來。

處於壓力狀態下的小翠，當下只想說：「從小到大，你都是這樣。每次，我需要幫助的時候，你都幫不上忙！」

過去的負面互動經驗，讓小翠很自然地會想說出這類的對抗式發聲。

另一方面，被勾起心疼和內疚的玉珍，也有她自己做女兒跟做母親的委屈。她很想說：「我從小為母親而活。為了不讓你步上我的後塵，我一肩扛下家庭重擔。現在老了，我只是為自己活一下下，也不行嗎？」

放下想改變對方的想法，聚焦在眼前的任務

如果母親跟女兒都帶著過去的傷痕，為自己發聲，那麼，當下的互動焦點就會變成「改變對方的想法，希望對方轉變態度，認同並支持自己」。**只想改變對方的發聲，仍是對抗式發聲**。結果不是有一方委屈、退讓，就是兩人都選擇背對彼此，然後漸行漸遠。

如果母女雙方對自己的創傷皆有所覺察與療癒，在事件當下，能降低負面經驗對自己的影響，兩人都能持續聚焦在眼前的任務：「找人幫忙顧兒子／孫子」，繼續思考該如何讓當下的互動，能兼顧兩個人的需要。

若是如此，對話可以怎麼發展下去呢？

玉珍想了想，她想到可能可以幫忙的人選。

她跟女兒小翠說：

■「你先別急，我打給你弟妹。我記得她現在的工作是兼職，也許今天沒排班。我先確認一下，再跟你說。」

後來，小翠的弟妹可以抽空去接孩子回奶奶家，然後等小翠下班，再來接孩子。

等到晚上小翠安頓好生病的兒子，自己處理完所有家事，準備上床休息時，她終於有機會好好想一想。小翠在手機上打了一段話，傳訊給玉珍。

大意是表示自己尊重，也支持母親的個人生活，也很感謝母親對自己和兒子的幫忙。

也許，過去發生的事情已無法改變，但我們可以選擇現在彼此互動的方式。

在「對話式發聲」裡，總是有你的聲音，也有我的聲音。

這次，**身為媽媽的玉珍先改變態度，在不犧牲自己的前提下，提供幫助。**

女兒小翠在新的互動發生後，也能做出反思與回應。

發聲篇
為了「改變」而說

第二十章——

找出新解法的溝通練習（下）

讓我跟你都在我們的關係裡

心理獨立讓你在與人互動時，或「進」或「退」，皆自在、從容。

如果對方不回應自己，那麼，我們就退回「關係以外的自我」；

等到對方開始回應自己，才起身進入「關係內兩個人的自我」。

心理獨立狀態下的關係，總是「有你，也有我」。

因為婚姻觸礁，維珍找我晤談。在晤談後，維珍慢慢看見**自己身上原來存在著跟母親一樣的生命議題**——她們都以為經營家庭，就是要把家人的需求放在最前面。

維珍從小看著母親不斷隱忍，最後身心崩潰。

身為女兒的她，一直想對媽媽說：「你受不了了，需要幫忙時，要說一聲呀！你前面一直憋著不說，等到後面撐不住了，再來怪我們。看你那麼痛苦，我們除了內疚、自責，還能為你做什麼呢？」

維珍驚覺現在這些話，都打回自己的臉上。

溝通時，要把自己的需求說出來

維珍覺得自己有努力跟家人溝通，但不明白為什麼效果不彰。

我反問她：「溝通的時候，你有把自己的需要說出來嗎？」

維珍停頓了好一陣子。

我想她在想自己到底有什麼需求，自己又是怎麼表達的。

維珍說：「每到吃晚飯的時間，我就心煩意亂，想發脾氣、開口罵人。我覺得是因為丈夫總是加班應酬、不回家，又不提早說，另外小孩太過依賴，不能多體諒、多幫忙，再加上我的體力太差，下班回來做家務，總感到力不從心。」

不過，維珍覺得這些讓自己焦慮、煩躁的原因都無法改變，所以要怎麼對家人好好說呢？說了，又有什麼用呢？

正視自己的需求，且將需求放進關係裡

所以，維珍的需求是什麼呢？

她需要下班可以有適當的休息，而這可以借助外力，爭取時間，例如將家務簡化或外包、晚餐吃外食或叫外賣。

她需要有人能分享她心裡的煩悶與辛苦，而這會需要用談心時間取代原本的抱怨、謾罵。

她需要轉變心態，接受自己無法面面俱到，例如告訴自己：我不是完美媽媽，是夠好的媽媽。

只有維珍正視自己的需求，願意把自己的需求放進關係裡，這樣的人際關係才會有

你、有我。

開始改變，不再當「傭人」

也因此，當維珍過往對孩子說：「你們就只會在那裡等吃飯，我是你們的傭人嗎？」如果家人不給維珍回應，各自做自己的事，那麼維珍仍然會一個人兢兢業業地把家事完成，讓自己真的變成「傭人」。

但現在不同了，維珍開始改變。

她對家人說：

■「要準備吃飯了！請放下你們手邊的工作，一起來準備晚餐。」

若大家都沒有回應，維珍就只弄自己的餐點。

等到其他人想吃飯了，那就是另外一場溝通了。

過去維珍自我表達的方式是「對抗式發聲」。**「對抗式發聲」在溝通前，往往已經**

冒牌獨立

只有「心理獨立」，才是真的獨立

假設另一人與自己對立。把對方放在加害者的位置，讓自己處於受害地位。這樣的對話方式，除了把互動責任推給對方之外，也會讓自己陷入受制於人，只能持續抱怨的負向循環裡。

當維珍改變為自己發聲的方式，將重點放在互動與對話上。**如果對方不回應自己，那麼她就做自己想做的部分，回歸「關係以外的自我」**。等到對方開始回應自己，有意願進行互動時，這時「關係內兩個人的自我」才啟動，雙方能在「有你，也有我」的前提下，討論怎麼互動、合作。

你以為在溝通，但你沒有準備好聆聽對方想說的內容

「你表達了你的感受和想法，那他是怎麼回應你的呢？」這是身為心理師的我，常在晤談室裡問個案的問題。

這並不是一個特別有治療深意的問句，但常常會得到出人意表的答案！就像我們在聽一個引人入勝的故事一樣，除了坐在我對面的求助者的想法與感受之外，我也想知道在關係裡，另外一位主角想表達的內容。

但有趣的是，很多時候，我得不到問題的答案。

「啊？我有點忘了他當時是怎麼說的了？」或者是「他說什麼，重要嗎？反正我叫他改的，他都沒有改呀！」這是我最常聽到的答案。

當我們有情緒，想為自己發聲時，會將注意力都放在自己身上。我們只願意接收自己能接受的訊息。你以為自己正在溝通，但其實，你根本沒有準備好聆聽對方想說的內容。

「我覺得他一定是……」或「他想要我……做」這是我常聽到的另一種答案。

這群人能回答我的問題，但他們回答的內容，不完全建立在對方當下真實的反應，他們是照著自己對互動對象長期觀察得到的「假設」，來回答我的問題。

實際上，他們不見得真的準確地接收到對方在這次溝通中想傳達的訊息。

因為他們照著自己腦海的劇本去設想對方。預設對方不會改變，自己也想不到能怎麼改變，互動關係就陷入死胡同。

不自覺地將壓力轉嫁到伴侶身上

葉子迫切地想從兩人世界進展到三人的小家庭。和丈夫共同生活時，她的心態已經從單純的人妻，加入未來做母親時的視角。

葉子覺得先生應該和她一樣，在共同生活的大小事上，開始準備好為「孩子」或「家庭」犧牲，把「我們」看得比「自己」重要。

當葉子覺得自己已經開始備孕，而丈夫還是照以前的方式生活，讓她感到生氣與挫折。

以家務分工為例，丈夫本來就是會共同分擔家事的伴侶，但想成為人母的葉子，提高了對先生的期待。她希望丈夫不要依照他自己舒服的方式來完成家事，要願意為「孩子」做出改變。

葉子會對先生說：「你都把碗放到你有空才洗。以後有了孩子，要是寶寶急著喝奶，難道你也等你有空再洗奶瓶嗎？」

葉子沒有意識到自己對承擔母親角色的焦慮，她不自覺地將壓力轉嫁到伴侶身上。這些隱藏在內心的焦慮與不安，讓葉子不再像以前一樣，能給予對方足夠的包容與尊重。

接納伴侶想要的，與你想要的，並不一樣

備孕過程的不順利，也帶給葉子很大的情緒壓力。她覺得夫妻兩人的婚姻關係也因此出現問題，所以她來到晤談室求助。她想，也許我能對她眼前的困境有所幫助。

葉子對我說了很多自己的規劃與委屈，但我卻聽不見葉子伴侶的態度與感受，所以我問葉子：「那你先生是怎麼想的呢？」

葉子皺著眉頭，想了想。她決定回去再好好地問先生這個問題。

當晚聽完葉子的提問，先生沒有直接回話，而是默默地看了葉子一會兒，然後說：「你有問過我想不想生孩子，或是有沒有準備好要個孩子嗎？」

先生的話，讓葉子大受打擊。

葉子彷彿第一次認真地把先生的話聽進去。她從來沒想過先生可能不願意或沒準備好要孩子。在她眼裡，出生於傳統家庭、個性穩重、責任心強的丈夫，應該是個隨時準備好當爸爸的人。

後來葉子回到晤談室，在我的陪伴下，她慢慢消化，並**接納「原來真正的他，跟我心目中的他不一樣」**，**以及「原來他想要的，跟我想要的不一樣」**，然後才能繼續思

冒牌獨立

只有「心理獨立」，才是真的獨立

考「那我們兩個該怎麼一起走下去？」

其實，葉子對自己的伴侶有足夠的瞭解。葉子的丈夫真的是個傳統且負責任的男人，只是對「成為父親」這件事，他也有隱藏的負面情緒，以及尚未處理好的心理議題。

丈夫的父母總是不顧他的意願與感受，強行幫他安排好未來的道路，強迫他承擔不屬於他的責任，而急於成為母親的葉子，彷彿變成那個不顧先生個人意願的雙親，讓兩人的婚姻關係，似乎開始走原生家庭的老路。

當葉子與丈夫都能開始面對自己「成為父母」的壓力與議題，在婚姻中彼此理解、陪伴並支持對方，**允許對方用她／他自己的方式與速度成長**，他們才真的是在經營一段有你、有我的婚姻。

分離篇

分離與分化

第二十一章——

離開，不是獨立

心理獨立是在你、我有別的前提下，與人相處

「你、我有別」，才是真正的獨立，
也才有真實的同在。

「他知道我的一切，只有他會愛我。」

來到晤談室以前，思思從來不覺得自己的原生家庭或是童年經驗，會影響到自己長

大後的感情生活。

從思思有記憶以來，她的父母總是在吵架，後來他們離婚，各自另組家庭，思思就沒有「家」了。

思思被兩個家庭當成外人丟來丟去。她很期待有個人，能給她屬於自己的家。

思思愛一個男人很多年。對方是她的國小同學，知道她家裡所有的不堪。那個男人後來選擇跟別人結婚，但繼續和思思藕斷絲連，讓她在感情裡受盡委屈。思思不知道自己為什麼沒辦法切斷這段虐戀。

後來在某一次晤談裡，她才**聽到自己埋藏在心底的咒語：**「他知道我的一切，只有他會愛我」。

冒牌獨立

只有「心理獨立」，才是真的獨立

思思的父母選擇了和別人另組家庭，雖然仍然一起分擔照顧思思的責任，但卻沒有把思思當成自己新家庭的成員。

他們替思思做很多決定，罔顧她的意願。他們覺得自己已經很努力擠出照顧思思的心力和資源了，只想用負擔最小的方式養育她。

讓思思成為第三者的男人，也用同樣的方式對待她。男人說自己絕不會拋棄思思，但他所做的選擇，卻無視了思思的感受，讓思思落入難堪的處境。

不管是過去的父母，還是她愛了許久的男人，都沒有人能給思思一個屬於自己的家。

不再緊抓以「拋棄」或「拯救」為主軸的人生劇本

思思在晤談室裡，經歷了一場痛徹心扉的「心靈排毒」。

在我的陪伴下，透過回溯與訴說，思思為回憶裡的自己傷心痛哭。她替年幼的自己埋怨父母，也替愛了很多年的自己，劃下休止符。

思思辨識出自己從父母以及戀人身上吸收的狀態與觀念。她只帶走那些適合自己的成分，把其他排出去。

思思花了幾年的時間，慢慢重建自己的人際關係。她不再緊抓著以「拋棄」或「拯救」為主軸的劇本。

現在的思思，認為人際關係是一連串的「選擇」。我們和某些人互相選擇，一起進入一段關係，然後在一支又一支的人際共舞裡，選擇經營關係的方式。當一段音樂結束後，我們可能會各分東西，也可能會一起繼續下去。

在這一連串的選擇裡，也許有誰先誰後，但沒有誰高誰低。沒有人拋棄另一個人，而是很遺憾，你們的選擇並不相同。

不再盲目接受母親的決定，選擇與母親保持距離

一直到思思長出了屬於自己的自我認識與人際概念，她才算真正擁有了心理獨立的能力。

所以當思思年邁的母親抱著想補償女兒的心態，與她聯繫，思思花了一段時間，沉澱心情，等她看清自己的心後，她選擇與母親維持有距離的互動。

思思不再盲目接受母親的決定，她以強而有力的方式，為自己與母親之間，維持恰到好處的距離。

心理獨立的人就像長出根莖，冒出新葉的植物。**能夠為自己生產能量，不需要寄生在不平等的關係裡**。

那些不願意以對等方式互動的對象，很自然地會從你的生命裡退場。思思已經很久沒有想起那個只在嘴上說愛的男人。思思沒有默默地等待誰打電話來預約自己的假期，沒有一再想透過社交軟體，去窺視對方的生活。思思忙著和那些在生活裡，為她留出時間、空間的人互動，一起創造那些雙方都很期待的經驗。

女友對阿義的易怒特質，感到卻步

阿義離開家鄉之後，遇到了願意收他為徒的修車廠老闆。阿義渴望變得強大。天分加上勤勉，阿義很快就成為修車廠裡的一把手。但因為阿義很常被客人激怒而對客人發脾氣，所以遲遲無法獨當一面。

阿義有個穩定交往的女友，他們瞭解彼此，也互相尊重。女友雖然認為阿義是無可挑剔的好男人，但對他的易怒特質感到卻步，遲遲不肯答應他的求婚。

冒牌獨立

只有「心理獨立」，才是真的獨立

阿義恨自己的父親，因為他沒養過家，還會動手打媽媽跟他們兄弟。阿義埋怨母親，因為她過於軟弱，無法自保，只能退讓，使得阿義跟弟弟也一起被人輕視。

父親很早就消失在阿義的生命裡，而長大到外地工作後，阿義也很少跟母親聯繫，不過會定期寄錢回家，並透過弟弟的訊息探知母親的近況。

阿義與原生家庭分隔遙遠的距離，但，**分開並不等於心理獨立**。

能用其他的方式展現男子氣概，讓自己不受輕視

阿義在工作及感情上的困境，有著父親與母親的影子。

阿義希望自己有能力扛起責任，不要像父親一樣不負責任，也希望自己能強大到免於所有的輕視與欺辱，不要像母親一樣，不能保護所愛之人。

阿義成功了，但也失敗了。阿義是個有能力和責任感的專業人士，能挺身保護自己所愛的人，但他不知道為什麼母親、弟弟、老闆和客人們，甚至是女友，總是為自己擔心。

他們的焦慮和勸誡，讓阿義備感挫折。阿義看不到自己的優點，也找不到屬於自己的道路。

阿義覺得**自己只是「正當防衛」、「不受欺負」和「展現男子氣概」，不明白為什麼在他人眼裡，自己的行為卻是衝動、易怒、暴力，甚至與危險劃上等號**。

一直到我對阿義說了一個觀察。這個觀察進到他心裡，讓阿義能從另一個角度看待這個困境。

「你說是因為你表現出男子氣概，那個客人才沒有占你便宜。但我很好奇那些固定給你修車，有禮貌、不囉嗦的客人，他們都是因為你之前展現出男子氣概，他們才這麼信任你，合作態度這麼好嗎？」

這一段話是因為我看見，除了「對抗式發聲」，阿義還能用其他的方式展現男子氣概，讓自己不受輕視。

這些是他已經實現，但沒有被自己看見的好特質。

不需要防衛和男子氣概，同樣能獲得認同與尊重

轉變思考角度之後，阿義開始和自己的熟客們對話。

阿義發現「原來現在信任我的人，都有認真觀察過我」。阿義這個小小的新覺察，開始讓他產生行為改變。

他愈來愈能接受客人的質疑，因為他知道不同的人會用不同的方式建立信任感。有些客人有足夠的知識和經驗，他們只需要稍微觀察阿義，就能夠信任他的技術，但有些客人沒有這些先備條件，自然只能用口語詢問他。

有了這個想法，阿義自然願意花時間解釋給提出質疑的客人聽。阿義會列出各個項目明確的優缺點，提出不同價位的選擇，讓客人有更多知識與安全感，自然就不會對自己有那麼大的敵意。

當阿義發現很多時候不需要防衛和男子氣概，只要提供知識與發揮耐心，同樣能獲得認同與尊重。

當他將這個改變，拓展到所有的人際關係，他就不再那麼易怒了，也讓女友能放心跟他共同建立家庭。

從第三者的角度看待母親、理解母親

既然客人們都會用自己的方式，處理自己的不足，那麼母親選擇用她自己的方式面對令她心碎的婚姻，以她僅知的方法養大兄弟兩人，是不是也成為一件可以思考的事情？

對母親的心疼與埋怨，讓阿義無法面對自己身上與母親相像的部分，也無法透過反思，找到跟母親相處的最適當的距離。這幾年，**與母親的疏離一直讓阿義很愧疚**。

但當阿義開始能從第三者的角度看待母親，雖然他不欣賞母親的個性與做法，但他可以接受母親也是個有侷限的人，她只能做她自己。

因為母親是圓滑、能謙讓的人，阿義才得有相對安穩的童年，也因為母親是個內斂溫柔、有包容力的人，阿義才能放心在外闖蕩出自己的一片天。**因為母親用她的方式做母親，所以阿義才成為今天的自己**。

接下來的日子，阿義覺得他已經找到自己的道路，能夠以自己真實的樣子與母親相處，也能夠接納母親的自我。

心理獨立後，阿義終於找到屬於他們母子最佳的相處方式。

「你、我有別」才是真正的獨立，也才有真實的同在

心理獨立是一段持續的自我探索與成長之旅。

無論是思思，還是阿義，他們的經歷都告訴我們，**真正的獨立**，並非僅僅是物理上的分離，而**是內在的覺醒與轉變**。

當我們能夠清晰地辨識出自己與他人的界限，並以尊重自我與他人的方式互動時，我們才能真正地「在關係中獨立」。

思思從過去的創傷中走出來，學會了為自己設立界限，並以全新的視角，看待人際關係。

她不再將自己視為被動的受害者，而是主動的選擇者。這讓她能夠以更健康的方式，與他人建立連結。

阿義則透過反思與覺察，重新定義了自己的男子氣概與責任感，並學會以更開放的

心態，面對他人與自己。

不再將自己的價值，依附於他人的認可

心理獨立的核心在於「你、我有別」——承認彼此的差異，並在這些差異中，找到平衡與共存的方式。這不僅讓我們能夠更真實地面對自己，也能夠更真誠地與他人同在。

當我們不再將自己的價值，依附於他人的認可，而是從內在找到力量與方向時，我們才能真正地活出屬於自己的人生。

最終，**心理獨立是一種自我賦能的過程**。它讓我們能夠在關係中保持自主，同時也能夠與他人建立深厚而真實的連結。

這是一條充滿挑戰，卻又充滿希望的道路，而每一步的成長，都將讓我們更接近真實的自我與幸福的生活。

國家圖書館預行編目資料

冒牌獨立：只有「心理獨立」，才是真的獨立／黃惠萱著.──初版.──臺北市；寶瓶文化事業股份有限公司,2025.06
面；　公分,──（Vision；277）
ISBN 978-986-406-476-2（平裝）
1.CST: 自我實現　2.CST: 生活指導　3.CST:獨立學習

177.2　　114005815

Vision 277

冒牌獨立──只有「心理獨立」，才是真的獨立

作者／黃惠萱　臨床心理師
副總編輯／張純玲

發行人／張寶琴
社長兼總編輯／朱亞君
主編／丁慧瑋　編輯／林婕伃・李祉萱
美術主編／林慧雯
校對／張純玲・劉素芬・陳佩伶・黃惠萱
營銷部主任／林歆婕　業務專員／林裕翔
財務／莊玉萍
出版者／寶瓶文化事業股份有限公司
地址／台北市110信義區基隆路一段180號8樓
電話／(02)27494988　傳真／(02)27495072
郵政劃撥／19446403　寶瓶文化事業股份有限公司
印刷廠／世和印製企業有限公司
總經銷／大和書報圖書股份有限公司　電話／(02)89902588
地址／新北市新莊區五工五路2號　傳真／(02)22997900
E-mail／aquarius@udngroup.com

著作完成日期／二〇二五年四月
初版一刷[6]日期／二〇二五年六月十日
ISBN／978-986-406-476-2
定價／四〇〇元

寶瓶文化·愛書人卡

感謝您熱心的為我們填寫，對您的意見，我們會認真的加以參考，
希望寶瓶文化推出的每一本書，都能得到您的肯定與永遠的支持。

系列：Vision 277 書名：冒牌獨立——只有「心理獨立」，才是真的獨立

1. 姓名：＿＿＿＿＿＿＿＿＿＿ 性別：□男 □女

2. 生日：＿＿年＿＿月＿＿日

3. 教育程度：□大學以上 □大學 □專科 □高中、高職 □高中職以下

4. 職業：＿＿＿＿＿＿

5. 聯絡地址：＿＿＿＿＿＿＿＿＿＿＿＿＿＿＿＿＿＿＿＿

聯絡電話：＿＿＿＿＿＿＿＿＿＿＿＿

6. E-mail信箱：＿＿＿＿＿＿＿＿＿＿＿＿

□同意 □不同意 免費獲得寶瓶文化叢書訊息

7. 購買日期：＿＿年＿＿月＿＿日

8. 您得知本書的管道：□報紙／雜誌 □電視／電台 □親友介紹 □逛書店

□網路 □傳單／海報 □廣告 □瓶中書電子報 □其他

9. 您在哪裡買到本書：□書店，店名＿＿＿＿＿＿＿＿＿＿ □劃撥

□現場活動 □贈書

□網路購書，網站名稱：＿＿＿＿＿＿＿ □其他＿＿＿＿＿＿＿

10. 對本書的建議：＿＿＿＿＿＿＿＿＿＿＿＿＿＿＿＿＿＿＿＿

＿＿＿＿＿＿＿＿＿＿＿＿＿＿＿＿＿＿＿＿＿＿＿＿＿＿＿＿

＿＿＿＿＿＿＿＿＿＿＿＿＿＿＿＿＿＿＿＿＿＿＿＿＿＿＿＿

＿＿＿＿＿＿＿＿＿＿＿＿＿＿＿＿＿＿＿＿＿＿＿＿＿＿＿＿

11.希望我們未來出版哪一類的書籍：

（請沿此虛線剪下）

亦可用線上表單。

寶瓶

讓文字與書寫的聲音大鳴大放

寶瓶文化事業股份有限公司

廣　告　回　函
北區郵政管理局登記
證北台字15345號
免貼郵票

寶瓶文化事業股份有限公司 收

110台北市信義區基隆路一段180號8樓

8F,180 KEELUNG RD.,SEC.1,

TAIPEI.(110)TAIWAN R.O.C.

（請沿虛線對折後寄回，或傳真至02-27495072。謝謝）